ちくま新書

憲法サバイバル

——「憲法・戦争・天皇」をめぐる四つの対談

ちくま新書編集部 編

Chikumashinsho henshubu

1250

憲法サバイバル——「憲法・戦争・天皇」をめぐる四つの対談【目次】

／一般参賀に潜り込む／天皇のイメージの一人歩き／天皇の生き残り方／なぜタブーになってしまったのか／天皇の起源はどこにある

はじめに

一九四七年五月三日に施行された日本国憲法。施行から、七〇年を経ようとしているいま、その憲法に関する議論がさまざまなかたちでなされています。二〇一六年に安全保障関連法が施行されて、集団的自衛権の行使が可能となり、それにともなって「憲法改正」の動きはこれからも強まっていくでしょう。

しかし、私たちはどのくらい日本国憲法について知っているでしょうか？　最も注目が集まっている第九条に関しても、そこにはいろいろな理解があります。

そのような状況を受けて、二〇一六年五月から、ジュンク堂池袋本店では、「「憲法」と「日本のいま・これから」」をテーマにした、さまざまな識者の方の選書によるブックフェアが開催されました。その案内文では次のように書かれています。

日本は戦後七〇年を憲法という基盤のうえで歩んでまいりました。社会、経済、政治、科学、医学、教育、福祉、芸術、文学、等々、そして暮らしのディテールまで、さまざまな要素から成り立つ「日本のかたち」をつくってきたのです。私たちは「改憲」に賛成・反対を唱える前に立ち止まり、「日本のいま」は憲法の枠組みのなかでどうつくられ、「日本のこれから」はどうなるのか、を考えなければなりません。

私たちが憲法と向き合う際、そのひとつの手掛かりになるのが、本といってもいい過ぎではないでしょう。直接、日本国憲法に関して書かれたものでなくても、憲法がつくられた時代を描いているものや、外国の政治状況について書かれたものであっても、それを糸口に憲法について考えることもできるはずです。

このようなブックフェアがこれからも開催され、より真摯に日本と憲法について問いなおす機会が広がっていけば、また状況は変わってくるに違いありません。

本書では、「『憲法』と『日本のいま・これから』」のフェアに連動して、ジュンク堂池袋本店で開催されたトークイベントをもとにして、四つの対談を収録いたしました。

第一章は、歴史学者の加藤陽子さんと憲法学者の長谷部恭男さんによる、近現代史における憲法に関する対談です。二人の対談はジェットコースターのようなスピードで進んでいきます。日本国憲法が押しつけ憲法だという議論がありますが、そもそも大日本帝国憲法もそういった性格を持っていたといった、驚きを覚えるような議論も登場します。最後には戦争の対象は相手国の憲法ではないかといった指摘もあり、新たな憲法の一面が見えてきます。

続いて、第二章は、護憲派というイメージを持っておられる方も多い、上野千鶴子さんと佐高信さんの対談です。佐高さんが得意とする自民党の系譜を追いつつ、自民党改憲草案の何が問題なのか解き明かしていくところには背筋が凍る思いがします。また、上野さんが調べてきた「九条の会」発足の秘密や、持参していただいた丸山眞男などが参加していた公法研究会のラディカルな「憲法解説意見」については、戦後すぐの憲法に対する意識の高さをうかがうことができます。

これまでの章とはうってかわって、第三章では、元陸上幕僚長の冨澤暉さんと紛争解決請負人として知られる伊勢崎賢治さんに、「これからの「戦争と平和」」について話していただきました。対談冒頭から「戦争と平和」という問題提起の仕方がそもそも誤解を与えているという厳しい指摘があります。海外の戦場を身をもって知っている二人だからこそ、他の章とは違った憲法に関する発言が飛び出します。また、いま問題とされている南スーダンの派兵に関して、お互いの意見をぶつけあっているところは読みごたえがあるでしょう。

最後の第四章は、天皇に関する対談です。なぜこの二人と思われるかもしれませんが、映画監督の森達也さんと政治思想史が専門の白井聡さんにこのテーマについて包み隠すことなく話してもらっています（なぜ？　については対談でもふれています）。白井さんから『永続敗戦論』でも書かれている天皇とアメリカの関係から天皇制について概説してもらい、それを受けて森さんが一般の人々は天皇をどう感じているのかを話すあたりは、森さんならではの視点が垣間見えます。もちろん、天皇の退位問題についても議論がなされます。

どの対談からでも、ご関心があるテーマから頁を開いていただければと思います。

ジュンク堂池袋本店の田口久美子さん、安齋千華子さんには大変お世話になりました。あらためて御礼申し上げます。

ちくま新書編集部

第１章

憲法と歴史の交差点

加藤陽子×長谷部恭男

加藤陽子（かとう・ようこ）
1960年、埼玉県生まれ。東京大学大学院人文社会系研究科教授。専攻は日本近現代史。東京大学大学院博士課程修了。山梨大学助教授、スタンフォード大学フーバー研究所訪問研究員などを経て現職。著書に『それでも、日本人は「戦争」を選んだ』（新潮文庫）、『戦争まで』（朝日出版社）などがある。

長谷部恭男（はせべ・やすお）
1956年、広島県生まれ。早稲田大学法学学術院教授。東京大学法学部卒業。専攻は憲法学。学習院大学法学部助教授・同教授等、東京大学大学院法学政治学研究科教授を経て現職。著書に『憲法と平和を問いなおす』（ちくま新書）、『法とは何か』（河出ブックス）などがある。

†山田風太郎の描いた幸徳秋水

長谷部　私と加藤先生はかつて、東京大学で総長補佐という職を同期で務めていました。加藤先生は文学部から、私は法学部からということで。総長補佐というのは、「雑巾がけをしてこい」ということで本部に出かけて、雑用をやる。そこで初めて、加藤先生にお目にかかりました。私は今回ジュンク堂池袋本店で、自分で選書したコーナーを設けさせていただいたんですが、加藤先生も「加藤陽子書店」というのをやっておられましたよね。

加藤　二〇一五年一〇月一七日から二〇一六年四月二三日まで、約半年営業していたことになります。

長谷部　実は、私もそこを訪れまして（笑）。見て回って、何冊か購入したことがあります。そこで気が付いたんですが、先生は山田風太郎がお好きなんですね。

加藤　はい。どれを最初に読んだのかもう憶えていないくらいです。たぶん全部読んでいると思います。風太郎の作品といえば、忍法帖もの、明治小説もの、日記などいろいろありますが、みなさんにご紹介したいのは、『明治バベルの塔――山田風太郎明治小説全集〈12〉』(ちくま文庫、一九九七年)という短編集の中の一編「四分割秋水伝」で、後の先生とのお話で活きてくる伏線となっていくはずです。

みなさん、幸徳秋水はご存じですよね。一九一〇(明治四三)年、フレームアップされた大逆事件で死刑となった、大変な文章家です。風太郎は、その秋水を四分割して描いてしまった。四分割とは、「上半身」、「下半身」、「背中」、「大脳旧皮質」の四つです。勘がいい方は、秋水には、天下国家的な「上半身」的な世界と、菅野スガとの関係から推測できる「下半身」的な世界があっただろうということなど思い当たるでしょう。風太郎は、東京医学専門学校(現在の東京医科大学)に通っており、医者になる一歩手前まで行った人なので、「大脳旧皮質」なんて言葉がすぐに出てくる。秋水が処刑される前、お母さんが急死する。その時、お母さんが急死したのは自分が明治天皇に逆らったとされたことからではなかったかと考え、非常に心惑う。その秋水の、処刑前の迷いを「背中」という章で描写していて、非常に面白いです。

秋水は、日露戦争が始まった二ヵ月後、一九〇四(明治三七)年四月三日付の『平民新聞』に、次のような文章を書いていました。日清戦争の時にあれだけ苦労したはずの庶民の方がむしろ、辛苦を奇麗さっぱり忘れ、次の戦争を支持している、なぜなんだと嘆く。

我国民の多数、口を開けば即ち曰く、『文明の外交』『王者の師』『仁義の戦』『帝国の光栄』と。無邪気なる哉、金太郎の鉞を揮ふが如く。可愛らしき哉、桃太郎の鬼ヶ島を征伐するに似たり。個人と国家と倶に醒めては金太郎を学び、寝ては桃太郎を夢む。（平民社資料センター監修、山泉進編集『幸徳秋水（平民社百年コレクション）』論創社、二〇〇二年、一一四頁）

戦争となれば真っ先に犠牲となるはずの普通の人々が、なぜ、自己と国家を過度に重ね合わせ、戦争に熱狂してしまうのか。秋水にとってはなんとも歯がゆかったに違いありません。幸徳は下半身に関してはかなりユニークな人ですが、そういうことも含め、よくわかった上で風太郎はこの短編を書いていたことがわかります。文章のはしばしから窺われる、戦争や国家の行く末に対する風太郎の暗澹たる予想も含め、すごく好きです。

長谷部　私は山田風太郎の本をほとんど読んだことがないんですが、唯一読んだのは『魔界転生』（全二巻、講談社文庫、一九九九年）ですね。これは子どもの頃「イケナイ本だ」と思いながら、ものすごく熱心に読んで（笑）。加藤先生は『魔界転生』のPOPに「寝床に持っていく本です」と書いておられた。こんな本を持っていったらなかなか寝られなくなるんじゃないかと、ちょっと心配になったんですが（笑）。

加藤　ええっ、そうなんですか。私は大丈夫でしたが（笑）。唯一読んだのが『魔界転生』だというのもすごい。映画・テレビでご覧になったから読んだんですか？

長谷部　いえ、映画になる前に読んでいると思いますけど。

†君主制原理の矛盾

長谷部　選書にあたって私が気を付けたことについて、少しお話しします。憲法学者にはいろいろなタイプの人間がいるんですが、私は憲法を所詮、西洋起源のものと考えております。とりわけ日本国憲法が立脚しているといわれる近代的な意味での立憲主義が、どういう経緯でできあがってきているのか。それがわかるような古典を、できるだけ取り入れようと考えました。

さらに申しますと戦前の古典的な著作で、美濃部達吉の『憲法撮要』(有斐閣、一九二三年)という本があります。最初の一部だけは分冊で今でも新刊本として手に入るんですが、本自体はもう絶版になっていますので、今回は並べることができませんでした(改訂第五版・復刻版、有斐閣、一九九九年)。その後の日本の憲法学の途をたどってみても、この『憲法撮要』に並ぶ水準の本はなかなか出ていません。できるならば入れたかったんですけど。

美濃部達吉は国家法人理論を、体系的なかたちで日本に導入した人です。国家法人理論ができあがったのは一九世紀後半のドイツですから、それほど時間は離れていません。できて間もなく、日本に持ってきたわけですね。

実は、日本はドイツから国家法人理論と相性の悪い君主制原理(monarchisches Prinzip)という考え方も導入している。これは日本では、天皇主権原理と言われています。ざっくり申し上げますと、そもそも君主は全国家権力を掌握している。ただ、その権力を行使する時には君主自身が定めた憲法に従う。それが、君主制原理というものです。

大日本帝国憲法には、まさにその通りのことが書かれています。第四条には「天皇ハ国ノ元首ニシテ統治権ヲ総攬シ此ノ憲法ノ条規ニ依リ之ヲ行フ」とありますね。天皇は全国家権力を掌握しているけれど、それを行使する時は自身がつくった憲法の条規に従う。この国家法人理論と君主制原理は、とても相性が悪いんです。

加藤　ほほう。

長谷部　法人としての国家に統治権があるという議論と君主に統治権があるという議論は両立しません。その上、君主制原理それ自体が論理的なパラドックスを抱えている。君主は「私は全能ですが、私自身がつくった憲法で縛られている」と言っている。そんなことが本当に、論理的にあり得るのか。歴史を遡りますと、キリスト教神学で次のような問題がありました。全能の神は、自身でさえ持ち上げることができないほど重い石を創造することは可能か。そういう石をつくることができない神は全能ではないわけですが、いったんそういう石を創造してしまえば持ち上げることができないので、やはり神は全能ではないということになる。

君主制原理ならびにその日本的な現象形態である天皇主権原理は、それとまったく同じ問題を隠し持っているということになる。しかもこれは、天皇主権原理のみに留まらない。実は人民主権原理にも、同じ問題があります。人民は全国家権力・主権を持っているが、自らが制定した憲法の範囲内でのみそれを行使する。そんなことは本当に、理論的にあり得るのかということです。

†意外に新しい憲法学

加藤　先生、ちょっといいですか？　憲法学者は歴史学者と違って、たとえていえば、始動したばかりのエンジンを、ろくに温めもせずに走りだせる方々なのですね。『魔界転生』の話から、ここまでたった五分で来ますか。そうですか（笑）。なので、ちょっと解きほぐしていってもよろしいでしょうか。憲法学者が振り返ってみても、美濃部は完璧な憲法論を書いている、長谷部先生は今、そう表現されました。ここにいるみなさんは、こういう話をおそらく初めて耳にされて、「ああ、そう見るのか」と思われたのではないですか。私は、そう思ったくちです。

東大の憲法学者で石川健治先生という方がいらっしゃいますね。石川先生は、『朝日新聞』二〇一六年五月三日付朝刊で九条について書かれていましたが（「九条、立憲主義のピース」）、それを読んだ時にも私は、「へえ、憲法学者は美濃部をこう読むのか」と思いました。石川先生はこの記事の中で美濃部へのコメントとして、「国家を法学的に叙述する文法を堅持した美濃部の天皇機関説の冷静さが、公私の境界線の論理的な支えになっていた」と書かれています。

美濃部の天皇機関説は、国家を法学的に叙述する文法・やり方として完璧であった、と石川先生は読んでいる。そして、長谷部先生も美濃部の『憲法撮要』について、日本の憲法学においてこれに匹敵する水準の書物はまれだとおっしゃる。そうなりますと、国家法人理論と、本来はこれと相性の悪いはずの君主制原理と、この本来はぶつかり合う二つの理論を美濃部は、うまくぶつからないように、両立させるように、うまく叙述していたという点でも完璧、ということになるのですか。

長谷部　ただこの『憲法撮要』をよく読みますと、美濃部達吉は君主制原理を否定してるんですね。天皇主権原理というのは、法律論として成り立たない。結局、天皇は国家の機関に過ぎない。統治権を持っているのは、あくまで国家である。その国家の機関として、天皇は憲法上与えられた権限を行使しているに過ぎない。一貫してそういう議論をしているのが『憲法撮要』です。

ドイツまで遡って若干の説明をしますと、そもそもドイツの公法学・憲法学は非常に若い学問でして、一九世紀後半になってやっとできあがったものです。

それ以前に成立していた私法学のさまざまな法概念を導入することによって、公法学も一人前の法律学になろうとした。その時に採り入れた中核的な法律概念が、法人概念です。

もう少し細かく分けていくと、社団法人の概念です。多くの人々が集まって、ひとつの団体をつくる。その団体が法的な権限の主体になるというのは、いったいどういうことを意味するのか。その団体は具体的に、どうやってさまざまな法的な行動を取ることができるのか。法人という概念を使って、それを説明していく。この私法学で成立した法人の概念を公法学の中に採り入れていったわけです。実は、国家というのは国民から構成される法人（社団法人）である。それを出発点として、国家のあり方を法学的に筋の通ったかたちで説明しようとした。

加藤　私法学を修めた人々が憲法学を創出したから、憲法学には、法人といった考え方が、生まれた時から不可避的に入っていた、とのご説明は、とても面白いです。歴史学というのは、思想なりが生まれてくる背景や、地域的な特殊性を考えるところに特徴がある学問ですので、このような話をうかがいますと、一九世紀ドイツの国家形成の特質に目がいきます。みなさんもご存じのように、ドイツ・イタリア・日本では一九世紀後半ぐらいに統一国家化が成し遂げられました。しかし、日本は、ドイツやイタリアとは異なり、明治国家ができる前、幕藩体制をとる江戸幕府というものがありました。幕藩体制は、各藩の分立はあるものの中央集権的な要素も大きかった。

領邦国家に分かれていたドイツがプロイセンを中心に統一されてゆく過程とは大いに違っていたと思います。若い憲法学がドイツを中心に生まれたとすれば、日本にそれを移入しようとした時に、すんなりといったのでしょうか。齟齬は生まれなかったのでしょうか。むしろフランスやイギリスに、日本が移入しやすい憲法学といったものはなかったのでしょうか。

長谷部　それ以前のフランスやイギリスでも、近代公法学なるものがあるとはいえません。

加藤　やっぱりなかったのですね。

長谷部　近代的な意味での公法学が最初にできたのは、やはり一九世紀後半のドイツですね。そのドイツの理論を採り入れて、フランスの公法学ができあがっています。フランスとドイツはもともと、仲が悪いですよね。ですからフランスの公法学者たちも長い間、出発点でドイツの理論を採り入れたことを認めようとしなかった。

二〇世紀の終わりになってようやく、フランスの公法学会も、自分たちがドイツの公法理論の影響を深く受けてきたということを正面から認めるようになった。その後、フランスとドイツの学問的な交流も進んでいまして、その分野は非常に発展しています。

†大日本帝国憲法は、究極の押しつけ憲法?

加藤　先生は『論究ジュリスト』二〇一六年春号(有斐閣)に掲載されている「大日本帝国憲法の制定――君主制原理の生成と展開」で、明治憲法の制定の時点から書き始めておられる。憲法の理論一般ではなく、明治憲法についてのご論文なのでいささか驚きました。これは歴史家的な勘ぐりなんですが、二〇一六年五月二日、憲政記念館で改憲を目指す人々による集会が開かれまして、そこには来賓として渡部昇一さんが出席され、報道によれば、「明治憲法に返れ」というようなご主張を展開されたといいます。長谷部先生は、このご論文のなかで、改憲派も護憲派も、大日本帝国憲法について考えるのであれば、君主制原理を認めなかった美濃部の国家法人理論について、改めてちゃんと検討してみましょうと書かれていますが、これは単に学説的に面白いからではなく、改憲論者に対して、有効な学問的な反論を完璧に書いてしまおう、というご意図がおありになったのでしょうか。

長谷部　私は最近「お前は裏で策謀しているんだろう」と言われることがありますが、

そんなことはまったくございません（笑）。純粋な学問的関心から書いたものでして。今ご紹介いただいた『論究ジュリスト』の論文では、次のようなことを書いています。先ほども申し上げました通り、大日本帝国憲法の根本的な原則は天皇主権原理で、これは具体的には第四条で定められています。

この第四条に示されているのは、実はドイツから直輸入された君主制原理です。しかも君主制原理は、ドイツで生まれたものではない。その起源は、フランスの一八一四年シャルト（憲章）に遡ります。一八一四年四月にナポレオンが退位した後、五月三日にルイ一八世が亡命先のイギリスからパリに戻ってきた。五月一八日に憲法起草委員会を拵えて、それからわずか半月ほどでつくった憲法なんですね。日本国憲法は二週間で作られたと言われることがありますが、GHQが二週間かけて草案を作って、その後第九〇回帝国議会で半年かけて審議された。それと比べて、フランスの一八一四年シャルトは、本当に二週間ちょっとでできあがっている。

加藤　それはひどいですね（笑）。しかし、明治憲法のお手本となった一八一四年シャルトが二週間でできました、と明るく言われますと、悶死しそうな人々が現れそうで怖いです。

長谷部　そのシャルトの前文に、君主制原理が書き込まれていました。ドイツにはいろいろと小さな邦《くに》(Staat)があったんですけど、シャルトはそれらの邦の憲法のモデルとして採り入れられていきます。南ドイツですと、バイエルンやヴュルテンベルクが典型ですね。井上毅はこれらの国の憲法、およびそれを説明する憲法理論を読んで勉強した。そして「これはいいものを見つけた」ということで、君主制原理を大日本帝国憲法の中に書き込んだ。

加藤　つまり大日本帝国憲法というのは、究極の押しつけ憲法だと。井上毅のように一八一四年シャルトをしっかり学んだ人が、君主制原理をドイツから直輸入した。そういう部分があるということですね?

長谷部　まあ、外来であることは間違いないですね(笑)。しかも、国民の意見など聞かないでお上から賜ったものですし。

加藤　わかりました(笑)。今回、ジュンク堂がこのトークのためにご準備くださった本の中に、上杉慎吉の本がございます。皆さまもご存じの天皇機関説事件、一九三五（昭和一〇）年に美濃部憲法学に対して、貴族院・衆議院などで言葉尻を捉えた曲解に満ちた観点から批判がなされました。ただ、美濃部と上杉の論争というのは、すでに大正の初めからなされていた。これは論争としては、内容のあるものでしたか。

長谷部　今の加藤先生のご質問に大ざっぱに答えますと、次のようになります。先ほど述べたように、美濃部達吉は君主制原理と国家法人理論を、互いに対立するものとして捉えた。これらは両立し得ないものですが、美濃部はここで国家法人理論を取った。これに対して上杉慎吉は、君主制原理・天皇主権原理を取った。

上杉慎吉の代表的な教科書で、『新稿憲法述義』という本があります（増補改訂版、有斐閣、一九二五年）。この本では一応、国家法人理論に関する議論をしているんですが、面白い記述があります。彼はここで「国家法人理論というのは、暫定的なその場しのぎの議論だ」と言っている。君主主権の国家で市民階層が政治的な力を得て、議会政治を導入していく。何とか折り合いを付けて政治体制を運用していかざるを得ない。その状況を描くのに都合がいいのが、国家法人理論である。だからこれは、過渡的なその場しのぎの議論であると。これが上杉慎吉の主張です。

加藤　上杉の主張をこのようにわかりやすくまとめてくださってありがとうございます。政治体制の過渡的な変遷を意識した議論を展開していたところに上杉の議論の面白さがありそうですね。有名な話ですが、上杉は、いわゆる男子普通選挙法ができる前の段階で、納税資格による差別をなくして、現役軍人にこそ普通選挙権を与えろなどと主張もした人で、トータルとしてのイメージが捉えにくかったのです。

長谷部　これは、戦後日本の憲法学の国家法人理論にたいする受け止め方とほぼ同じなんです。戦後日本の憲法学は、国民主権原理に立脚している。国民主権原理というのは、非常に含蓄の深い概念です。これは国家法人理論と整合するような理解もできるんですが、そう理解しない方々も非常に多い。

私は芦部信喜先生のもとで憲法学を学んだのですが、芦部先生の憲法の教科書にも、「国家法人理論は、実は暫定的性格を持つものだ。これは君主主権が国民主権に移行する際、君主主権なのか、それとも国民主権なのか。その決定的な対立を回避するために、暫定的に採り入れられた制度・理論である」ということが書かれています。これは上杉慎吉の捉え方とほぼ同じと考えていいと思います。

加藤　宮澤俊義が八月革命説というのを提唱しましたよね。これは、一九四五（昭和二〇）年八月のポツダム宣言受諾により天皇から国民へと主権が移行し、新たに主権者となった国民が日本国憲法を制定したと考える説です。つまり国家を、君主主権と国民主権の間に置かずに理解しようとする。宮澤さんはそういう「魔術」を使ったんでしょうか。

長谷部　はい、その通りです。天皇主権から国民主権に大転換したという議論は、実は国家法人理論とは別のレベルの話なんですね。一貫して国家法人理論を推し進める立場からすれば、天皇主権なるものはそもそも法律論として筋の通らないもので、法律学から放逐すべき概念と考えられていました。法律学的に言って、天皇主権から国民主権へと転換することにどういう意味があるのか。美濃部達吉は、それにはあまり意味がないと考える。美濃部は、敗戦後に憲法を改正する必要はないと言っていましたが、彼の学問的な立場からすると、それは首尾一貫している。

加藤　なるほど。大日本帝国憲法に返れ、とまで主張する方々は極端だとしても、戦前の憲法そのものは、統帥権独立による軍部の暴走さえなければ良い憲法だったと評価したい方は、美濃部が、まさに「憲法改正の必要はない」といった、この部分を最大限利用しますね。一方、あれだけ天皇機関説事件で苦い思いをした美濃部が、なぜ、憲法改正は必要ないといったのか、その理論的筋道が摑めず、結局、美濃部は守旧派であった、ということで話が終わってしまうことが多かった。天皇主権から国民主権へと転換するという考え方に意味を見出さないという筋での、改正不要論だったわけですね。

長谷部　彼の学問的立場からすると、それは誠実な態度ということになると思います。

加藤　よくわかりました。

†憲法学より歴史学のほうが美濃部に関心がある

加藤　憲法学というのは非常に深いわけですが、戦後の憲法学者たちは、美濃部達吉を大切にしてこなかったのではないか、と訝ってしまいます。それは、今に至るまで、美濃部達吉の『憲法撮要』の第五刷・一九三二年版などがきちんと復刊されていないことなどからも感じるのです。なぜ、全集あるいは選集の企画がなされてこなかったのでしょう。これは単純な疑問です。吉野作造であれば、岩波から全集・選集が出ていますす(『吉野作造選集』全一六巻、一九九五―九六年)。吉野は政治学者ですから美濃部とは学問領域が同じではありませんが。美濃部の著作が大系立てて復刊されない理由は、何か、天皇機関説事件時の、お弟子さん筋の対立など、憲法学者だけが知っている秘密の理由などあるんでしょうか(笑)。

長谷部　そのあたりは出版社の方に聞かないとわからないんですが、想定されるのは、出しても売れないということでしょう。

これに関しては、憲法学界の責任も大きいです。戦後日本の憲法学界の一般的な見方は、「美濃部憲法学は宮澤憲法学によって乗り越えられた」というものです。宮澤憲法学にはいくつかの主要な学説がありますが、その中のひとつが、加藤先生が今おっしゃった八月革命説です。

八月革命説は「憲法の科学」の典型と言われているわけですが、宮澤の「憲法の科学」によって美濃部憲法学は葬り去られた。今さらそんなものを勉強してどうするのか。そういう受け止め方が一般的なんじゃないでしょうか。私のように、美濃部をまじめに勉強する人は変わり者と見なされるんだろうと思います。

加藤　美濃部に関しては、政治史あるいは、歴史学の方が、熱心に研究し続けてきたのかもしれません。私は講談社の「天皇の歴史」シリーズの中の一冊として、『昭和天皇と戦争の世紀』という本を書きました（二〇一一年）。歴史学者にとって、美濃部の天皇機関説事件というのは、何度やっても面白いんですね。一九三五（昭和一〇）年になぜ、ああいうことが起こったのか。これまでにも、尾藤正英、三谷太一郎、坂野潤治、など、名だたる学者が取り組んできました。

私なども、先学に学びながら事件について改めて勉強し直したのですが、やはり新しい発見などがある。たとえば、幸徳秋水の大逆事件時の大審院次席検事だった平沼騏一郎は、天皇機関説事件で美濃部を批判する人々に材料を提供していた人の一人だと思うのです。このような人々に知恵をつけられ、帝国議会で貴衆両院の議員が質問に立つ。学問的に見れば意味のない質問なのですが、ちょうどワシントン・ロンドン軍縮条約体制からの離脱の時期にあたっていたので、一般の人々の耳をそばだてるような議論の仕方を編み出していて、あざといと思いました。

美濃部の『逐条憲法精義』の憲法第三条「天皇ハ神聖ニシテ侵スヘカラス」の説明部分には、憲法発布によって、天皇の国務については国務大臣がその輔弼責任を持つのだから、「天皇の大権の行使、国務に関する詔勅について批評し論議することは、立憲政治においては国民の当然の自由」であると書いてありました。その部分をわざと歪めまして、二月二七日に衆議院予算総会で質問に立った江藤源九郎などは、「開戦というときに、国民が、いや今度は戦なんか出来ないと言って、この詔勅に対して非議論難しても宜しいのか」と質していました（傍点は引用者）。

また、三月八日には、貴族院の井上清純は、軍人勅諭や教育勅語に示された精神と、機関説的解釈の間に齟齬はないか、などと迫っていました。

†天皇は法律論では語れない

加藤　長谷部先生は先ほどの「大日本帝国憲法の制定」という論文や『憲法の imagination』（羽鳥書店、二〇一〇年）の中できちんと書いていらっしゃいますが、美濃部は、万世一系のマジカルな力を持った天皇が日本国を支配しても、国家にマジカルな力を持つ人がいても全然かまわないと思っていた、と。つまり、「天皇は現人神である」「国体は万邦無比である」と考えていてもいいといっている点を取り上げましたね。そのような人が当面、国家の天皇としての権能を果たすことは可能で、そこからスタートして国家法人理論・天皇機関説に行き着く。ですから、美濃部というのは本当に面白い。

たとえば『古事記』から出てきた「知らし（統治する）」という言葉がありますが、権力ずくで天皇が「はい、征服したよ」と言って日本を治め始めたわけではないだろう、と。天皇が権力をふるうのは自らのためではなく国民のためであって、そのための権能を果たすためだと説明する。しかし一九三五年、彼が天皇のことば、詔勅の神聖性を否定しているかのように批判された。美濃部としては、堅牢な憲法学説を提唱しているので、本来はちっとも困らない。昭和天皇が万世一系でも、全然かまわない。けれども、その万世一系の天皇があくまで、国家の権能を果たすために存在している、そこが大事。美濃部の憲法論の面白さは、機関説擁護の側からも、十分評価されていなかったのではないか。

美濃部の場合、美濃部が本来論じている地平まで戻って擁護してもらえてないんですね。

長谷部 それはご指摘の通りです。美濃部は次のようなことを言っています。「日本は万邦無比である」「天皇は万世一系である」という物語と同様、天皇に主権が属するというのは、これは国民の神話に属するレベルの話である。もちろん日本国民の多くはそれを信じているだろうけど、それは法律論ではない。国家のありよう、つまり国家はどうやって動くのか、どう機能していくのかということを説明しようと思えば、国家法人理論しかあり得ない。その視点からすると、天皇は国家の一機関である。もちろん最高機関ではあるけれども、やはり機関のひとつに過ぎない。そこに関しては、首尾一貫していますね。

†天皇機関説は正しいといった昭和天皇

長谷部 本庄繁という侍従武官長が『本庄日記』というのを残しています（原書房、一九六七年、普及版二〇〇五年）。本庄繁はちょうど、天皇機関説事件の頃から二・二六事件までの間、侍従武官長をやっていて、その間の昭和天皇の言動をつぶさに記録している。それによると、天皇機関説事件が起こった時、昭和天皇は「天皇機関説は正しい」と言っていた。それにもかかわらず軍部の連中は天皇機関説を排撃すると言い、自分を道具として使おうとしている。むしろ軍部のほうが、自分のことを機関扱いしているのではないか。お前はどう思うかと言われたようです。これは歴史のひとこまとして、面白いエピソードです。

加藤　はい、とても。そもそも、本庄繁が侍従武官になる時には天皇はちょっと抵抗する。本庄といえば、石原莞爾や板垣征四郎ら関東軍参謀が満州事変を起こした時の関東軍司令官ではないか、と。ただ本庄はとても真面目な人だったようで、天皇とのいろいろな問答を克明に記録してくれた、これはありがたいことです。長谷部先生がご紹介してくださった部分を見ても、天皇はやや自虐的、諧謔的に、「天皇主権説が紙上の主権説にあらざれば可ならんか」(一九三五年四月一九日条)などと本庄にいっている。情報公開請求で戦後部分まで全体が読める『昭和天皇実録』ですが、刊本の形では東京書籍から刊行がなされつつあります。

日本国憲法の第九九条には、公務員や天皇は憲法を守らなければいけないと書かれていますが、むろん戦前においても、大正天皇も昭和天皇も、宮内省御用掛の専門家から憲法の講義を受けていました。戦後、日本国憲法が施行された後、入水自殺した清水澄《とおる》という憲法学者、というより行政法の専門家ですか、この清水が御用掛となって、美濃部の天皇機関説にのっとって講義をしています。その講義録が国立国会図書館の憲政資料室にありますが、肝心の統帥大権と編制大権の部分、すなわち憲法第一一条と一二条の部分の説明部分だけは抜けています。清水本人が整理したと思われます。周辺の史料からは、清水が、一九三〇年のロンドン海軍軍縮をめぐる問題の場合、浜口雄幸内閣がとった憲法解釈（条約上の兵力量決定は憲法一二条の範囲ではあるが、憲法一一条にも関わることから、政府が海軍軍令部側の意見を聞いた上で回訓決定をしたことは全く問題無い）を是とする立場で、宮内省と天皇に説明していたことは確実です。

天皇はかなりきちっと機関説の講義を受けていたことがわかります。たとえば、『本庄日記』でも、「若し主権は国家にあらずして君主にありとせば、専制政治の譏りを招くに至るべく、又国際的条約、国際債権等の場合には困難なる立場に陥るべし。

露国をして日露北京交渉に於て（芳沢、カラハン会商）「ポーツマス」条約を認容したる我日本の論法は、国家主権説に基くものと謂ふべし」（四月九日条）と述べていました。また、鈴木貫太郎侍従長が、昭和天皇の肉声として伝えている記述なのですが、「もし万一、大学者でも出て、君主主権で同時に君主機関の両立する説が立てられたならば、君主主権のために専制になり易いのを牽制できるから、頗る妙じゃないか」（『西園寺公と政局』第四巻、岩波書店、一九八二年第三刷、二三八頁、一九三五年四月二三日条）とも述べている。君主制原理と国家法人説の両立のしがたさについて認識していたとも考えられますね。

長谷部　今ご紹介された『昭和天皇実録』の中に、天皇は敗戦直後、旧憲法の中で第四条の「統治権ヲ総攬シ」という部分を削ったらどうですかと松本烝治に提案したというくだりがあります。この天皇の提案をどう見るのか。君主制原理を否定し、国家法人理論で統一すればいい。おそらく昭和天皇は、そう考えていたのではないでしょうか。彼はかなり深いレベルで、憲法のことを理解していたと思います。

加藤　まさに、そこですね。戦後の『昭和天皇実録』部分で一番の読みどころの一つはそこでしょう。あれは一九四六年二月七日の条ですね。天皇は、日本政府側が持参した「憲法改正要綱」を見て、述べた部分でした。いわく、「第一条〔大日本帝国ハ万世一系ノ天皇之ヲ統治ス〕は語感も強く、第四条『天皇ハ国ノ元首ニシテ統治権ヲ総攬シ此ノ憲法ノ条規ニ依リ之ヲ行フ』との重複もあるため、両条を合併して『大日本帝国ハ万世一系ノ天皇コノ憲法ノ条章ニヨリ統治ス』とし、従来の統治権の『権』を除くこと」はどうか、と具体的な案をも提示していました。

戦前、高等文官試験を受ける官僚の卵が一番困ったのは第一条・第三条・第四条をどう整合的に書くかということだったそうです。昭和天皇はこの矛盾に注目し、「あそこを削除してしまえば、明治憲法を生かせるかな」などと言う。これは非常に面白いなと思いました。

†日本を相対化してみるために

長谷部　今度は加藤先生の選書についてうかがいたいと思います。選書にあたってどういうお考えがあったのか、あるいはどういうご苦労があったのか。それについてお話しいただけますか。

加藤　はい。先生が選ばれた中には、カズオ・イシグロの『日の名残り』（土屋政雄訳、中央公論社、一九九〇年）などがありましたね。カズオ・イシグロは私も大好きです。彼の小説には、滅びゆく大英帝国とアメリカとの相克が描かれている。私の選書中には、吉野作造や三谷太一郎の作や、ヒトラーについて書かれた伝記などいろいろあります。私がこの選書で志したのは、日本というものを相対化するということです。その場合、歴史的にも地理的にも地政学的にも相対化する必要があると思います。

たとえば、村井章介さんの『中世日本の内と外　増補』（ちくま学芸文庫、二〇一三年）。村井さんは、本当に広い視野から、世界史の中に日本中世史を位置づけた第一人者です。日本語・中国語・韓国語の史料、禅宗の外交僧が書いたような漢文史料などを博捜して、日本を描き出しました。たとえば一六世紀のポルトガルの地図を見ると、中国の東隣のあたりに、四つの島が描いてあって、レキオ（Lequio 琉球）と書いてある。つまりその当時の世界の価値観から見れば、日本という国は、琉球という四つの島の一部に過ぎない。一六世紀のポルトガル人にしてみれば、世界の中継貿易の要である琉球が第一に重要であって、アリューシャン列島まで二〇〇〇キロ、インドネシアまで二〇〇〇キロという理想的な位置にあった。だから琉球こそが大事で、日本なんていうのはそれほど重要ではなかった。ポルトガル人は、琉球の一部を日本と捉えていた。村井さんの本からは、そういうことが学べます。

それから西牟田靖さんの『誰も国境を知らない――揺れ動いた「日本のかたち」をたどる旅』（情報センター出版局、二〇〇八年）も、端倪すべからざる本ですね。尖閣列島（中国名　釣魚島）が問題になる前に、著者はちゃんと尖閣に渡っていました。尖閣にしろ、北方領土にしろ、沖ノ鳥島にしろ、日本の端っこにある島が、日本の今後一〇〜二〇年を左右するのではないか。日本という国は、土地でつながった陸地国境を今では持たない国なのですが（昔は南樺太と北樺太でロシア／ソ連と陸地国境を有していた）、今後はそれについてもっと考えなければいけないのではないか。そういうことを早くから問題提起していた本です。

あと、石田勇治の『ヒトラーとナチ・ドイツ』（講談社現代新書、二〇一五年）についても触れておかなければなりません。ご存じの通り、ナチ党が政権をとったのは、ワイマール憲法が停止された結果ではない。ワイマール憲法で大きかったのは、大統領緊急令ですよね。ヒトラーはこの大統領緊急令によって、自ら少数党であったにもかかわらず、政権に就くことができた。ですから一九三三年頃から、臨時特例・緊急事態令によってドイツに変容が加えられていく。その過程を克明に書いた本です。

たとえば、授権法という、行政府に法律をつくる権利が与えられてしまう法律がありますね。ヒトラーは一九三三年にその法律（全権委任法）を通した。彼は議会でその法律を通す際にどうやったか。議院規則の改正とか、非常に細かいことを決める。国家の側が認めない欠席事由は、出席とカウントする、とやる。欠席することでプロテストを表す議員の数はカウントしないことになる。つまりこの議院規則改正という小さな改正が、反対党による欠席戦術を封じてしまう。これで社会民主党などの議員数が活きなくなります。そのような、小さな怖さの積み重ねが描かれているあたりが、現在の日本にものすごく参考になるのではないか。

二〇一五年九月一七日、安全保障関連法案を参議院特別委員会が採決する際、議場は採決の声が聴取不能な状態でしたが、可決ということになりました。議事録というのは大切なもので、聴取不能と一旦は書かれた議事録が、後の修正で、可決と書かれてしまった。議場のルールというのが、かなり民主的な決定にとって大きなウエイトを占めるということが実感された場面でしたね。ワイマールドイツから、ナチス・ドイツが生み落とされた、その歴史的経過は、本当に大事です。

長谷部　どうもありがとうございます。ナチスドイツについて、石田勇治先生の本は勉強になりますね。今、加藤先生がご紹介になったワイマール憲法第四八条の条文（大統領非常措置）についてですが、これも辿っていくと一八一四年のフランスのシャルトに行き着きます。

加藤　えっ、それもですか？

長谷部　フランスの一八一四年シャルト第一四条には「王は法律を執行し、国家の安寧を維持するために必要な勅令を発する」とあります。このシャルトの場合、国王はこの勅令を使ってシャルト自体を変えてしまうんです。

加藤　そこですか（笑）。

長谷部　その名残りが明治憲法の第八条、緊急勅令です。ワイマール憲法にもご紹介のように「公共の安全と秩序を回復するため」に、大統領は必要な措置をとることができるという条文があります。ナチス体制が形成される途上で言論の自由・出版の自由・集会の自由を抑圧するために使われた条文です。それを経て、ナチスはどんな体制をつくっていったのか。石田勇治さんの本には、そういうことが書かれています。

†憲法学は非常にわかりにくい

加藤　少し視点を変えて、どうして、私どもが、憲法学者、歴史学者になったのかということについて、お話ししましょうか。

長谷部　そうですね。なぜ私は憲法学者になったのか。私は学生の頃、ものすごく生意気な人間だったんです。まあ、今でもそうなんですが（笑）。だから法律学っていうのは、だいたいわかるような気がしてたんです。でも、一番わからないのが憲法学でした。これは本当に法律学なんだろうか。そういうことを、非常に不思議に思いました。

憲法学者になっている人間を見ると、法学部に入って「しまった！」と思っている人間が多い（笑）。とにかく、憲法学は非常にわかりにくい。「これはいったい何だろう。調べてみよう」と思って、憲法学の門を叩いたわけです。

これは先ほど君主制原理・国家法人理論の説明をしたところと関連するんですけど、今あるような憲法学は非常に若い学問なんですね。憲法学を含む公法学者は「お前たちがやっているのは政治評論だ」「哲学や歴史学の真似をしているだけじゃないか」などと言われた。そういうことを言われていた公法学が、私法学からいろいろな概念を導入し、体系的な公法学をつくりあげた。そういうことを学ぶにつれて、だんだん「なるほど、そういうふうにできあがってきたものなのか」ということがわかってきた。

一九世紀後半のドイツで、近代的な意味での公法学をつくりあげてきたのはカール・フリードリヒ・フォン・ゲルバーとパウル・ラーバントです。この二人はいずれも、もともとは私法学者です。ゲルバーは民法学者、ラーバントは商法の専門家でした。ドイツには商法に関する中心的な雑誌があるんですけど、ラーバントはずっとその編集主幹を務めていました。そういった人たちが公法学という学問をつくってくれたわけです。

†未来を予測するために過去を知る

加藤　そうですか。憲法学というのは、意外にも若い学問で、しかも誹謗中傷の対象にもなりうる。そのあたりに、大変に親近感を持ちます。歴史学の中でも、私の専門とする近現代というのはまさにそのような扱いを受けやすい分野ですから。

たとえば、日本中世史というのは、現在も過去も、学問として確立している気がします。朝河貫一など、封建時代があるのはヨーロッパの国々と日本ぐらいだとして、戦前期から中世に対する憧憬が強かった。私自身が近現代をやろうと思いましたのは、簡単に言ってしまえば、過去を正確に描くことで未来を創造する、そのような作業ができる時代選択なのではないかと思いました。過去を語りながら未来をつくれる。こう言うと、ちょっとかっこよすぎますけど。

少し比喩を使いながらご説明します。これは本当に痛ましいことでしたが、二〇一五年熊本で地震がありました。四月一四日の夜、熊本県益城町でマグニチュード六・

五の地震があり、それから二八時間後の一六日未明にほぼ同じ場所でマグニチュード七・三の地震があった。震度七レベルの地震が、間を置かず、近い場所で起こる。このようなことは、実際に起きたことだけれども、起こる確率はどのくらいだったのか。これについては、東北大学の西村太志先生が過去のデータから試算して、このような事態が起こる確率は、わずか〇・三パーセントしかなかったことがわかりました。

このパーセントは、一九七六年から二〇一五年までに起きたマグニチュード六以上の地震について、四一七六回のデータを蓄積し、そのデータを解析した結果、はじき出されたといいます。歴史的に起こったことは、起こる蓋然性が高いから起こったとは、必ずしも言えないのではないか。このようなことを今回の地震を見ながら考えました。過去を見ていれば、このようなことが起こる確率は〇・三パーセントしかなかった、しかし起きた、と言える。非常に珍しいことだが起こる。「熊本では地震への備えが不十分だった」などという批判が、無理であることが、データ的にわかります。私が歴史学者としてやっているのも同様のことです。つまり過去を正確に描き、未来をつくりだす。そういう根拠をつくる学問をやりたい。

私もまたすごく生意気な人間なので、私から見てバカバカしいことを述べている人たちにきちんと反論したいのです。しかし、どうも顔に迫力がないらしく、甘く見られてしまいます。「お花畑だ」などと言われてしまうわけです。

†美濃部の両面性

加藤 歴史学者は美濃部に非常に大きな興味を持っていると言いました。一方で美濃部のことを面白いと思っている憲法学者は、長谷部先生と石川先生ぐらいしかいないのでしょうか。歴史学でも、もう亡くなりましたが尾藤正英さんという近世史の碩学が、美濃部の天皇機関説事件を、尾藤さんの専門である、「江戸時代とは、日本の伝統的な社会の特徴はどのようなものだったか」という論点と結びつけて論じていて、大変面白いのです。「日本史上における近代天皇制」という論文で、尾藤さんの『江戸時代とはなにか』(岩波書店、一九九二年、後に岩波現代文庫、二〇〇六年)に収録されています。

尾藤さんの美濃部の読み方というのは、美濃部の国家主権説の背景に、共同体としての国家意識を読み取ろうとする点に特徴がありました。尾藤さんは、美濃部が、「主権を君主（天皇）にではなく、国家にあるとしながら、しかもその国家の権力を絶対的なものとはせず、慣習法や理性法（自然法）によって国家も拘束されるとし、さらにその慣習法などの背景には『一般的社会意識』がある」（美濃部『憲法講話』四三九頁）と考えているところに注目します。

また、美濃部がイエリネックを批判して、「イエリネックが国家の権力に重きを置くに偏し、理法が国家を拘束することを十分に承認して居らぬのは私の大に遺憾とするところ」（長尾龍一『日本法思想史研究』一〇四頁）と述べているところに着目し、美濃部の憲法思想にとって、日本社会という共同体の持つ意味は大きかったのではないか、と考えを進めていきます。歴史学者は、こんなところに興味を持つようです。

つまり美濃部は、法も一般的な社会意識・道徳観念もすべて一緒だと考え、「共同体が生み出す社会意識を重視せよ」と言っている。近世史を専門とする歴史学者は、その点を面白いと感じてきました。これは先ほど先生がおっしゃっていた、「憲法学がやっているのは政治であって、哲学と変わらないじゃないか」という批判と同じかもしれませんが。

　では近世史の歴史学者が、なぜ美濃部のことを面白いと思うのか。美濃部が一九世紀後半のドイツでつくられた憲法学を一九三二年ぐらいに体系化できたのは、日本の国家をすごくよく眺めていたからではないかと考えています。先ほども言いましたように、薩長などの雄藩が近世幕藩体制を壊し、近代日本をつくります。でもそれ以前は、幕府という中央集権的な組織がある国家でした。これは、一六世紀以来生まれてきた武士という勢力がつくりあげた国家でした。では、武士は、どのようなエートスで生まれてきたか。これは尾藤説ですが、彼らはある種の共同体意識を持ち、共同体を外部の攻撃から守るために、合議制などの独自のルールをつくってきた組織であった、と。たとえば鎌倉時代の法律というのは、古代の律令とはまったく違う。武士がつくった国家をベースにしてできた日本だからこそ、美濃部は道徳・社会通念・法を連続的なものとして捉えたのではないか。歴史学者の中にはそういうことを論じている人がいますが、そのあたりはどうですか？

長谷部　私は、そこは微妙な問題だと思っています。というのも「日本は万邦無比である」「天皇は万世一系である」というのは神話にすぎない、多くの人がそれを信じているかもしれないが、それは法律学とは関係がないから、法律学から排除すべきだとも美濃部は言っているからです。この態度・考え方もまた、ドイツから輸入されたものです。ドイツ語でIsolierungと言われるものです。

公法学・憲法学というのは政治評論と中途半端な歴史学、哲学からの輸入品のごた混ぜで、法律学とは到底言えない。一九世紀半ばまではそう言われていたわけですが、私法学の世界から法人概念を導入し、国家を法人という権利主体として捉え、さまざまな国家現象を、その各種の機関の行為や相互関係として法律学的に説明しようとした。しかしその一方で、そういう現象として説明できないものは法律学から放逐・排除していく。そうやって学問として純化していったわけです。

美濃部にとって、天皇主権原理というのは排除されるべき対象で、これは法律学とは関係のないものだった。ただ美濃部は、一方で、国民の福利や利益、文化や価値感情など、公法学が前提とすべき思想もあると言っている。それはたぶん、尾藤先生が指摘しているところとつながる。排除すべきものと採り入れるべきものをどう区別するのか。美濃部の議論はそこで、どこまで一貫しているのか。そういう論点は成立し得るだろうと思います。上杉慎吉などはそこを批判している。これは、美濃部の憲法学には両面性があるということとつながっていくだろうと思います。

加藤　そこが、本当に面白いところです。

†描かれない戦争の歴史

加藤　私は近代の歴史を研究しながら、軍部や軍の佐官級・課長級の事務当局者が何を考えて、そのような政策決定をしたのか、それをある程度わかりやすく説明してきたという自負があります。これまでも多くの研究者が、これについて精密に議論してきたと思いますが、それを「説得の論理」という形でわかりやすく説いたのは初めてかもしれません。

軍と徴兵制は、国家にとって最も大事な憲法原理である社会秩序を書き換える際の、力と権力の源泉を形成します。総力戦の一つの定義は、動員しうる兵士の数と壮年男子の数がイコールになる時代ですが、そのような時代に、日本の政治制度の中で、軍は国家や国民にどのようなことを説明して、予算獲得や徴兵制度の改変を行ってきたのか。このようなことに興味がありました。

また、太平洋戦争の歴史でいえば、本当の激戦地では将兵が根こそぎ戦没します。アメリカ軍の第一線部隊と太平洋の島々で戦って亡くなった部隊については、激震地の報道がブラックボックスのように入らないのと同じく、戦後に伝わらない。外地で戦没した兵士は二一〇万ですが、餓死したり海没したりしたその実態は、労苦という以外には伝わりにくい。戦争の歴史には、超えがたい偏差があるのです。

その一方で、一九三七年から四五年までに中国の戦場では七〇万人が戦死していますが、国家と国家の軍隊の戦いという点では、日本側に敗北の自覚はなかったともいいます。中国から帰還した、そのような兵士による戦争体験が主たる声として伝えられ、ある意味で、上書きされる。実は、日本は戦争で中国に勝っていた。そういう体験談になってしまう。日本の場合、人々の経験が国の経験として語られないままここまで来た。そして国家は、自分たちが負けた戦について正確に書かない。日本にとって、この二つが決定的ですね。

日清・日露の後、参謀本部が歴史を公的に編纂する際の注意書きが残っておりますが、都合の悪いことは書かれない。たとえば日本海海戦でいえば、東郷平八郎は対馬海峡にロシア艦隊が現れるとは実のところ考えていなかった。東郷は、ロシア艦隊は津軽海峡を通ってくると思っていますから、実のところ北進するつもりでした。一方で参謀長だった島村速雄は、対馬海峡にロシア艦隊が現れることを確信していた。しかし、戦史に干渉する力が働きます。

また、二〇三高地では、乃木希典率いる陸軍側と海軍側の作戦が呼応して行われるわけですが、陸海軍共同作戦に妙があった点など書かれない。むしろ相手側のロシア軍の側が、作戦の意義を認めています。まあ、日本に限らず、各国も、同じ愚を犯しているとは思います。日本は負けた歴史を書き残す、もしくは勝った経緯について正確に書き残すということをしていない。日本はアメリカとイラクの戦争に加わりましたけど、これは果たして良いことなのかどうか。イギリスなどは調査委員会を立ち上げて調査を行い、当時のブレア首相の情報が誤りであったことを認めています。でも日本は、そういうことをやっていない。

戦争について個人が何かを書き残すという場合、なぜか、国家の役割と自分の役割を一致させて書いてしまうということが起きますね。安全感というのは個人差が大きく、容易に個人と国家の同一化を引き起こすのでしょう。「尖閣諸島に漁民を装った中国人が上陸したらどうする」と煽られた時、自分が国家を代表させられるような気持ちになってしまう。このあたりが、最初にお話をした幸徳秋水の嘆きに通ずるのでしょうか。

日本の戦争の歴史は、国家が対外的に引き起こした災厄の歴史です。これは憲法の前文や一九九五年の村山談話にも書いてありますが、国がその国民を存亡の危機に陥れることをしてしまった国だった。そこです。国が国民を存亡の危機に陥れた、と書き込んだ村山談話は、なかなかすごいと思いました。それをやってしまった国が、きちっと歴史を書けてない。これは本当に反省すべきことだと思っています。

†戦争での国家の本当の攻撃対象

長谷部　何だかしんみりしてしまいましたけど（笑）。

憲法学は戦争の問題と深いところでつながっています。図式的な言い方になってしまいますけど、戦争というのは国家と国家がするものですよね。他方、突き詰めて考えると、国家というのは結局約束事です。美濃部流に言えば、国家は法人という作り事、フィクションです。国家というのはどこにあるかと言うと、頭の中にしかないものなんです。

では国家と国家は、何のために戦争をしているのか。表面的には相手の領土を奪おうとし、相手の国民を殺そうとし、財産を破壊しようとしているように見えるかもしれない。ただ、加藤先生の大ベストセラーである『それでも、日本人は「戦争」を選んだ』(朝日出版社、二〇〇九年)の中でも引用されている、ジャン=ジャック・ルソーの言葉がありますね。ルソーは「戦争において、国家が攻撃目標としているのは相手の国家の社会契約だ」と言っている。現代風に言い換えますと、国家は相手の国の憲法原理を攻撃対象としている。

憲法学にとって、自分の国の憲法原理は何なのかということは肝心です。いざとなれば戦争に訴えてでも守らなければならないものは、いったい何なのか。現象面としては領土や国民の生命・財産のように見えるかもしれませんが、本当に守らなければいけないのは憲法原理です。

とはいえ、そこにはさらにもう一段階考えるべきことがあります。ルソーは、次のようにも言っています。国家というのは結局のところ、今国民になっているひとりひとりの人間の命と財産を守るためにできている。たとえば、国家と国家が戦争を始めたとする。このまま行くと、国民は滅亡の危機に瀕してしまう。そういう時には、国家という約束事を解消したほうがいいこともある。今までの自分たちの憲法原理を解消し、相手が要求するような憲法原理に変える。そのことによって新しい国家をつくり、そのもとで新しい社会生活を始めていく。それが正しいということがあり得るんだと。これもまた、ルソーが言っていることです。

そうした点に、憲法の本質が表れていると私は考えます。だからこそ憲法学者も、戦争のことを勉強しなければいけない。そこで、戦争の歴史がご専門の加藤先生のご本を愛読してきたわけです。

加藤 ありがとうございます。本当にその通りです。長谷部先生経由のルソーの言葉を読んで、私の本に感銘を受けた方がたくさんいたと聞きました。ですので、長谷部先生には印税の何パーセントかを本来はお返ししなきゃいけない（笑）。本当にそこなんですよね。

日本人はなぜリットン報告書の提案の時点で、あるいは日米交渉の最後の場面で、中国からの撤兵をのめなかったのか。明治維新以降の日本人の歴史観というものが大きいように思います。日本という国は、開国時の列強に押し付けられた不平等条約を、順次改正し、独立を果たしてきた。列強が日本を認め、その独立を認めた契機が、戦争であったという歴史認識は大きかったのではないか。憲法と戦争、このような成長神話が、日本近代の戦前期までの歴史観を支えてきた側面があったと思います。

松岡洋右が奇しくも言ったように、リットンに妥協してしまえば日露戦争にかかった莫大な戦費、ならびに二〇万人の国民の犠牲を忘れることになる。この国の国民は、このような物語によって自己を形成してきたわけです。戦前期にアメリカが倒そうとしたのは東アジアの自由な航行を妨げる日本の植民地支配、ならびにその支配を支える天皇制です。そういうことを考えていくと逆に、今の日本が絶対に守らなければならないものは何かということが見えてくるし、さらには、現在の中国が絶対に守らなきゃいけないと考えているものなどにも思いがゆく。

ここで、中国の人の気持ちになって予測してみましょう。百戦百勝の毛沢東が抗日戦に勝ったことにより、国がつくられた、との神話で成り立つ。中南海の壁には「偉大なる中国共産党万歳」「必勝不敗の毛沢東思想万歳」というスローガンが掲げてあります。国は、人民のために尽くすんだ。中国の方たちがこのような歴史観を持っているということを、我々は知っておいていいですね。彼らがその歴史観に引きずられて、不退転の決意、などしないように。中国には商務印書館という版元があります。国営の出版社といえばよいでしょうか、学術書なども刊行する。ここで面白いのは、一九三〇年代にここで刊行されていた憲法学の本は、ドイツやアメリカのものかと思いきや、意外にも金森徳次郎や清水澄、美濃部など、日本人の学者が書いた憲法書や法律書が多かったのです。一九三〇年代の中華民国において、美濃部の憲法学が学ばれていました。

蔣介石が考えていた「中華民国の憲法草案（五五草案）」は挫折しますが、蔣介石のもとには、美濃部の憲法学を、いまだ軍部への抑制が足りない、などと批判するような民国の憲法学者などもいたといいます。アジアということで考えた場合、日本において、中国において、国家法人説をきっちり書いた美濃部の道が、ある段階まではありえたのではないか。この二つの国の美濃部コースを潰したのが、まさに日本による中国侵略なのでしたが。

『あの戦争になぜ負けたのか』(半藤一利・中西輝政・福田和也・保阪正康・戸高一成・加藤陽子著、文春新書、二〇〇六年)という対談本の最後のほうで、私は次のようなことを書いております。戦前期の日本人にとって、ある時期から、最も気持ちのよい歴史観を聞かせてくれたのは、軍部だったということです。軍部が喧伝するような歴史物語は、子どもたちが尋常小学校などで学ぶ修身などの歴史観と一番呼応するところが大きかった。ある意味で、軍部という組織は、国民の一番底辺の意識にまで手を突っ込んで、気持ちの良い物語を語って聞かせることができた、そういう組織であったのだと思い知りました。

長谷部　最後に私から一言申し上げます。今の加藤先生のお話からもわかりますが、

「歴史」という言葉は学問の対象という客観的な意味合いで使われることもあれば、人々に共有される物語という意味合いで使われることもある。たとえば外国の政府は、いったいどちらの意味で歴史という言葉を使っているのか。そこは慎重に考えなければなりません。美濃部がやろうとしたのは、物語としての歴史を学問としての法律学から排除するということでした。それは、学問としての歴史学からも区別していかねばならないものではないでしょうか。以上でおしまいにしたいと思います。

（対談日　二〇一六年五月一六日）

第２章

戦後の憲法の役割

上野千鶴子×佐高 信

上野千鶴子（うえの・ちづこ）
1948年富山県生まれ。東京大学名誉教授、立命館大学大学院特別招聘教授。認定NPO法人WAN理事長。女性学、ジェンダー研究、介護研究のパイオニア。著書に『家父長制と資本制』（岩波現代文庫）、『女たちのサバイバル作戦』（文春新書）、『上野千鶴子の選憲論』（集英社新書）などがある。

佐高信（さたか・まこと）
1945年山形県生まれ。慶應義塾大学法学部卒。高校教師、経済誌編集者を経て、評論家に。「週刊金曜日」編集委員。著書に『自民党と創価学会』（集英社新書）『メディアの怪人　徳間康快』（講談社＋α文庫）などがある。

†九条の会はいかにしてできたのか

上野　二〇一六年四月にオープンした立命館大学平井嘉一郎記念図書館に加藤周一文庫が開設されました。その記念に「加藤周一文庫開設記念講演会」という連続講演会が開かれて、第一回は大江健三郎さんと加藤さんの娘で元ヴィーン市議会議員のソーニャ・カトーさん、第二回は樋口陽一さん、第三回が小関素明さん、第四回が私でした。その際、加藤周一について語るためにわざわざ調べて、新しい事実を発掘したんです。それは「九条の会」についてです。

加藤周一さんの関連本のどれを読んでも、「加藤周一は「九条の会」に参加した」と書かれている。それじゃあ誰が「九条の会」をつくって、加藤さんを引っ張り込んだのか。私はそれについて、何人かに取材しました。

まず澤地久枝さんに聞きました。あと一番知ってそうなのは事務局をやっていた小森陽一さんだろうと思って、彼にも話を聞きました。そうしたら、驚くべきことがわかったんです。実は、「九条の会」は、加藤周一さんが言い出しっぺだった。私はそれを聞いて「まさか」と思ったんですね。

佐高　そうなんですね。

上野　加藤さんは自分のことをずっと、傍観者と位置付けていました。成田龍一さんが『加藤周一を記憶する』（講談社現代新書、二〇一五年）というみごとな加藤周一論を書いています。その本のなかで、加藤周一は「高みの見物」の場から降りたことがあるのだろうかと、「高みの見物」をキーワードにしています。

しかし、「高みの見物」といわれた加藤周一が、今回私が調べてみたところ、「九条の会」に関してはなんと加藤さん自身が言い出しっぺで、他の八人を巻き込んだということがわかりました。こういう事実は、ちゃんと歴史に残しておく必要があります。

加藤さんは自ら「九条の会」をつくられた。周りの人たちは、次のように証言しています。加藤さんは本当に骨身を惜しまず、日本中の大きいところにも小さいところにも呼ばれれば出かけていき、熱く憲法の話をなさったと。だから加藤さんは、すごい使命感を持っておられたんだと思いますよ。私の講演のタイトルは「加藤周一　傍観者か、行動者か？」だったんですけど、彼は晩年、行動者に変わったと思います。

佐高　「九条の会」にかんしては小田実あたりが動いたのかなと思っていたけど、違うんですね。

上野　違うんですよ。小田さんもその当時、ご病気だったんじゃないかな。

加藤さんは晩年になって、「九条をどうしても守らなきゃ」と思われた。そうすると、なぜ加藤さんはそう思ったのかなと考えました。そして、それについても調べてみたら、次のようなことがわかりました。

「九条の会」ができたのは二〇〇四年ですが、その最大のきっかけはイラク戦争だった。イラク戦争の時、小泉純一郎首相は直ちに賛意を表明してアメリカを全面的にバックアップし、自衛隊を送り込んだ。その時「自衛隊が行くところは戦闘地域じゃない」という訳のわからない説明をして、結局は通しちゃったんです。

ですから集団的自衛権についてはあの時すでに、解釈以前に既成事実がつくられていたんです。そうやってずっと、憲法違反の既成事実を積み重ねてきている。このイラク戦争で自衛隊を派遣したことに対して、加藤さんはものすごく大きい危機感を持っておられたんです。今回調べてみて、そのことがわかりました。

佐高　今の話を展開するために、もうひとりの加藤さんを登場させたいと思います。

上野　どの加藤さん？　加藤紘一とか？

佐高　そうそう。なんでその話をするかというと、自民党の大物三人がイラク戦争に最後まで反対したからです。それが加藤紘一、古賀誠、亀井静香の三人です。

上野　３Ｋですね。

佐高　そう。もちろん反対したと言っても、議場で手を挙げたわけじゃない。最初から参加しないか、途中で退席したか。そのぐらいの話なんだけど、その時の幹事長が安倍晋三なんだよ。それは明らかな反対の意思表示だったから、幹事長はその大物三人に何か言わなきゃならないわけよ。そうしたら安倍がもう、おっかなびっくりで。案の定、三人から軽くあしらわれて、安倍は一応戒告っていうのを出すしかできなかった。

上野　それ以上の処分ができなかったんだ。

佐高　ちなみに、その時の公明党の代表は神崎武法ですよ。神崎はサマワに出かけていって数時間滞在し、安全だという猿芝居を演じて帰ってきて、イラク戦争に賛成した。

上野　こういう政局の話になると、佐高さん、さすがに詳しいですね（笑）。

佐高　いえいえ。

上野　でもサマワはとても危険だということは、あとでどんどんわかってきました。実際、帰ってきた自衛官の自殺率が超高いんです。現地で死者は出さなかったのに、PTSDで二八人も自殺しているんです。だから、あの時がある意味で分水嶺といえるでしょう。

私は、二〇一四年の七月一日を「壊憲記念日」と呼んでいます。「憲法を解釈だけで変えられる。だから七月一日は壊憲記念日」とパロディをつくって（笑）。でも解釈改憲以前に、イラク戦争の自衛隊派遣時にすでにルビコン川を渡ってたんですね。

佐高　一応、イギリスのブレアなんかは議会に呼ばれるわけですよ。でも小泉なんて、全然呼ばれないんだもんね。

上野　その後の反省も総括も、何もない。今の話に関連して、佐高さんにお聞きしたいことがあるんです。佐高さんは、与党政治家の相関図にやたらと詳しいじゃないですか。当時の3Kのように、今の自民党内にも反安倍勢力がいるでしょう。谷垣禎一も河野太郎もそうだし。反安倍の保守党政治家は一体、どうなってるの？

佐高　反安倍勢力はいるけど、かたちだけでしょう。先ほどのイラク派遣に加えて、二〇〇〇年一一月に当時の森内閣を潰そうとした加藤の乱がもうひとつの分水嶺ですね。加藤の乱で小泉純一郎が出てくるわけです。それまでは、岸信介に始まるタカ派系列の清和会は傍流で、田中角栄は別にして池田勇人、大平正芳、宮沢喜一などの宏池会系が本流だった。

上野　自民党派閥史を、ここで全部語ります？

佐高　いや、やらない（笑）。加藤の乱で保守本流と傍流が入れ替わり、二〇〇一年四月に小泉内閣が誕生した。それまでは、小泉が首相になるなんて誰も思ってなかったけど、加藤があそこで突っ込まなかったから大逆転が起こって、小泉が首相になった。それと自民党の力は相対的に落ちているから、公明党の助けを借りないと当選できない人が七〇パーセント以上になっている。だから自民党の中で公明党に通じている人が、自民党を握るという構図になる。かつてそれを担っていたのは野中広務だったんだけど、今は菅義偉という官房長官が、創価学会の副会長の佐藤浩と直にやりとりしています。

上野　だから菅さんは、「影の総裁」と言われているんですね。

佐高　それで、反対する勢力はいなくなったんだと思うよ。

上野　でもかつては時々、ノイズを発する人たちがいたじゃないですか。そのノイズは抑え込まれているわけでしょう。本当にいなくなったんですか？

佐高　うん。

上野　原発にしたって、小泉進次郎とか河野太郎は一応反対しているじゃないですか。

佐高　でも河野は、今は何も言ってないでしょ。

上野　今は沈黙しているだけでしょ。

佐高　沈黙している間に、口がきけなくなっちゃうんですよ。

上野　ああ、そうなっちゃうのか。

佐高　谷垣なんて、完全に変わったでしょう。

上野　本当にそうですね。

佐高　谷垣は法務大臣をやっていた時に、死刑執行にポンポン判子を押しちゃったんだよね。あのへんから沈黙が習い性になったのではないでしょうか。最初のうちは一時的に我慢して沈黙していたんだけど、やがてそれは我慢でなくなるんですよね。

上野　やがてそれが身体化してしまうのか。じゃあ自民党は一色になって、ファッショ政党になっているわけですね。

佐高　内紛が起こるとすれば、菅が内紛を起こすんじゃないですか。

上野　じゃあほとんど中国共産党と同じで、権力闘争だけですね。政策闘争じゃなくて。

佐高　そう。それを創価学会・公明党が見事に支えるという構図になっちゃってるんです。

†新しい憲法草案の中身

上野　（この対談のもとになったジュンク堂池袋本店のフェアである）「「憲法」と「日本のいま、これから」」のコーナーに行きましたら、私だけじゃなく、すごくたくさんの人が『あたらしい憲法のはなし』（二〇〇一年）を挙げていました。

これは憲法公布の翌年、一九四七年に当時の文部省が出した中学一年生向けの憲法の解説用読本です。これは戦争が終わってようやく平和憲法を手に入れたという、当時の感動が伝わる、本当にいい本です。ちゃんと漢字にルビが振ってあるし、とてもわかりやすい。つくった人たちの熱い思いがこもっていて、子どもにもよくわかるように書かれています。

そうか、文部省がこんな本を出してたんだなと感じ入ります。しかも復刊を出してるのが、童話屋という子ども向けの出版社です。先ほど買ってきたばかりの本で一五刷ですよ、すごいですね。

この『あたらしい憲法のはなし』をネタもとにしたと思われる、『あたらしい憲法草案のはなし』（太郎次郎社エディタス）という本が二〇一六年六月に出ました。これは先ほどの『あたらしい憲法のはなし』の完全なパロディで、なんと自民党憲法改正草案について解説したものです。

具体的には、「なぜ憲法を変えなきゃいけないのか」とか「国民に権力を与えてはいけません」とか、そういうことについてとてもわかりやすく説明している、すごく面白い本です。著者は「自爆連」こと、「自民党の憲法改正草案を爆発的にひろめる有志連合」（笑）。

みなさんは集団的自衛権について議論された時、ネットであかりちゃんのパロディをご覧になったでしょう（「あかりちゃん　ヒゲの隊長に教えてあげてみた」）。反応が悪いということは、あまりネットに強くない人たちの集まりだね。ぜひ「あかりちゃん」で検索して、見てみてください。よくできた動画ですから。

これは、自民党の安保関連法案を宣伝するアニメを完全に換骨奪胎して、安保関連法案に反対する内容にしているものです。この『あたらしい憲法草案のはなし』は、あかりちゃんの動画に匹敵するヒットですね。でもネットに本の予告を出した際に、

「自民党の憲法改正草案を宣伝するのか！」「お前らは自民党の手下か！　回し者か！」という批判がいっぱい来たそうです。

佐高　そうそう、間違って向こうも買えばさらに売れますから（笑）。

自民党憲法草案について、一番面白かったのは小林節さんの話です。私は小林さんと対談したんだけど、彼はその時、次のようなことを言っていました。

憲法草案の中に「家族は大事に」「夫婦相和して」みたいなことが書いてあるでしょ。それを受けて小林さんが「離婚すると憲法違反になる」と言ってました（笑）。それを聞いて、見事だと思ったよ。

上野　だったら、DVも憲法違反ですよね。

もうひとつ、よく売れてる本が『日本会議の研究』（菅野完著、扶桑社新書、二〇一六年）です。これも発売した当初はなかなか手に入りませんでした。私も手に入れて読みましたが、三刷りめでした。日本会議の目玉は九条よりもむしろ第九章（緊急事態）、第二四条（男女平等条項・家族条項）と書かれていました。木村草太君っていうイケメンの憲法学者が二〇一六年の初めぐらいから「九章問題は重大です」と言ってるんだけど、私が二〇一四年に『選憲論』（『上野千鶴子の選憲論』集英社新書、二〇一四年）という新書を書いた際には、その時から「九条問題より九章問題ですよ」と言っていたんです。

佐高　上野さんは急所に強いからね（笑）。

上野　よくぞ言ってくださいました（笑）。いや、本当にやばいですよ。既成事実と解釈改憲でこれだけのことができるならば、自民党は九条改正に及ばないと思っているかもしれません。だって、九条を改正しなくても、これだけのことができちゃう。今、そういう恐ろしいことが起きています。その彼らが変えたいと思っているのが、九章の緊急事態です。

†当時の憲法の雰囲気

上野　私、今日はこんな古文書も持ってきました。

先ほどの『あたらしい憲法のはなし』は一九四七年に出たんですけど、敗戦から四年後の一九四九年、公法研究会っていう丸山眞男などが参加している研究会が、いち早く「憲法改正意見」というのを出してるんです。

この「憲法改正意見」がまるまる載っている本を引っ張りだしてきたんですけど、すごくいいことが書いてありました（武相民権運動百年記念実行委員会編『続憲法を考える　五日市憲法百年と戦後憲法』一九八三年）。

「九条は、第一項の「国際紛争を解決する手段としては」を削る。第二項の「前項の目的を達するため」を削り、これを「いかなる目的のためにも」と改める」という意見が載っています。すごいラディカルですねぇ。

それからもうひとつ、超ラディカルなことが書かれています。「第一章「天皇」で人民主権を宣言するべきである。天皇制を廃止するべきである」。一九四九年の段階でこういうことが書かれているんですが、その後、こういう声って消えちゃったんだよね。

佐高　そうそう。五日市憲法というのは自由民権運動の流れでつくられた私擬憲法のひとつで、一九六八年に色川大吉さんによって五日市町（現・あきる野市）の深沢家の土蔵で発見されたため、そう呼ばれています。

上野　ええ。この本にも資料として、その五日市憲法の草案がまんま載っています。

佐高　私も一応、そのへんについては勉強しました。五日市憲法には革命権・抵抗権が盛り込まれている。そこが今の憲法とは違うんですよね。革命権・抵抗権については、植木枝盛が起草したと言われる東洋大日本国国憲按にも書かれていますけど。

上野　革命権・抵抗権については言いたいことがたくさんあります。私はたった今、教えている立教セカンドステージ大学の「社会運動論」の授業で、安保のドキュメンタリー「ANPO」（監督・プロデューサー：リンダ・ホーグランド、二〇一〇年）を受講生に見せてきたところ。まだ興奮が続いていて、それらについては言いたい思いにかられています。

六〇年安保の時、反安保のデモを鎮めようと、岸信介が自衛隊出動を要求したでしょう。もし出動して鎮圧したとすると、戦後史の中で、国民軍が国民に銃を向けたかもしれない危機一髪の事態になったんですよ。私はかねがね「九条より九章問題だ」と言ってますけど、その理由は、九章の緊急事態には「自然災害」、「他国からの武力攻撃」のほかに「内乱」が入ってるからです。つまり、解釈によっては、国民軍は国民に銃を向けることができる。現に中国人民解放軍は、そういうことをずっとやってきています。

日本でも六〇年安保の時、一九六〇年六月にそういう危機一髪の状況になった。それに抵抗したのが当時の防衛庁です。防衛庁長官・赤城宗徳。このメモリの悪い私が、ちゃんとフルネームで覚えてる（笑）。赤城は岸に陸上自衛隊の治安出動を要請されるんですが、「自衛隊が国民の敵になりかねない」と反対したという歴史があります。

†自衛隊の役割

佐高　二〇〇七年に事務所費問題で会見した時、顔に大きな絆創膏を貼って会見した赤城徳彦農水大臣がいたでしょう。あの時の絆創膏大臣（赤城徳彦）のお祖父さんが赤城宗徳だよ。

上野　ああ、農水大臣をやっていた人にそんな人いたっけ。息子の出来は悪かったんだね。孫になるともっと出来が悪くなるのでしょうか。

佐高　一九五六年一二月に鳩山一郎が首相を引退した後、アメリカ追従を主張する岸は自民党総裁選に立候補した。これにたいして石橋湛山は社会主義圏とも国交正常化することを主張し、鳩山派の一部を石橋派として率いて立候補した。総裁選の当初は岸優位で、一回目の投票では岸が一位だったんだけど、石井光次郎と二位・三位連合を組んだ決選投票では岸に七票差で競り勝ち、石橋が総裁に当選した。

　岸は外務大臣として入閣しますが、石橋はたった二ヵ月で病気のため退陣する。その時の内閣、大臣たちはそのまま残ったんですよね。もしあそこで、次に首相になった岸の手で任命された防衛庁長官だったら、赤城のような対応をしなかった可能性はあるし、危なかっただろうね。

上野　そうですね。今の安倍みたいにお友達人事で固めたら、ノーが言えない人たちばっかりになるもんね。

佐高　赤城なんか、防衛庁長官になっていなかったかもしれない。

上野　本当ですね。さすが、政治家の係累と相関図に本当にお強いですね。

佐高　歴史と言ってほしいね（笑）。

上野　いやぁ、本当に危機一髪でした。あの時自衛隊を出動させていたら、国民の間で自衛隊の正統性はものすごく下がって、愛される自衛隊にはならなかったと思う。

佐高　あと、軍隊そのものの問題がありますよね。統合幕僚会議議長も務めた栗栖弘臣という人がいます。統合幕僚会議議長ということは、自衛隊制服組のトップですよね。その男が書いた『日本国防軍を創設せよ』（小学館、二〇〇〇年）という恐ろしい本があるんだよ。その中に「自衛隊は国民の生命・財産を守るためにあると誤解している人が多い」と書いてある（笑）。

上野　じゃあ、何を守るんですか？

佐高　国の独立と平和を守る。彼らの頭の中では、国民の生命・財産と国の独立・平和は違うんだよ。

上野　じゃあ国の独立・平和の中に、国民の生命・財産は含まれないんですか？

佐高　含まれない。国とは、何とかに基づく伝統意識である。要するに天皇制でしょう。戦前で言えばすっきりしてて、天皇制だったわけです。

　天皇制を守るために軍隊はあるのであって、ちまちました国民ひとりひとりの生命・財産を守るためにあるのではない。国民の生命・財産を守るのは警察の使命ではあっても、武装集団たる自衛隊の任務ではない。そうはっきり書かれています。そもそも、これが軍隊なんですよ。

上野　今でもそう思っている人はいっぱいいるでしょうね。田母神俊雄とか。

佐高　田母神の考えにみんな驚いたらしいけど、驚くほうがちょっとおかしいんだよね。

上野　自衛隊でやっている教育って、今でもそういう思想教育・洗脳教育らしいですね。

佐高　そうそう。天安門事件の時の中国人民解放軍に限らず、軍隊というのはそういうものですよね。いざとなったら、国民に銃を向ける。

上野　そうですよね。あくまで権力を守るものですから。

佐高　だから少なくとも、上野千鶴子や私のことは守らないよね（笑）。

上野　はい、真っ先に粛清されそうです（笑）。

†戦前の軍隊の記憶

佐高　そもそも軍隊とはなんなんでしょうかね。過去をさかのぼると、旧満州で一番強いと言われた関東軍が一番先に逃げ出したわけでしょう。

上野　そうなんですよ。気が付けばまったく軍隊がいなくなっていて、植民者たちは茫然自失で取り残された。それから惨憺たる思いで生きて帰ってきた人たちもいれば、帰ってこられなかった人たちもいる。

佐高　たとえば、一九三八年生まれのなかにし礼さんは憲法に関してそれなりに声明を出したりしているけど、基本的には保守の人ですよね。でも彼は、壮絶な満州体験をしているそうです。

上野　あの人たちは、軍隊は国民を守らないということを骨身にしみて感じている。

佐高　なかにしさんと何回か喋っていて、すごいなと思ったことがあります。なかにしさんの家族は満州にいたわけでしょう。戦争に負けた後、外務省は「日本人はできるだけそこに留まるように」っていう通達を出したんだそうです。

上野　それはどういうことですか？　ソ連軍から軍隊を守るために、民間人を防波堤にしようっていうわけ？

佐高　とにかく、どんどん引き揚げてこられたら困るっていうことじゃない？　だから、そこで生き延びる工夫をしろと。なかにしさんは、それにものすごく怒ってたね。

上野　「内地に引き揚げるな」っていうこと？

佐高　そうそう。今まで偉そうにしていたけど、敗戦でひっくりかえったわけでしょう。そこに留まれるわけがないじゃないですか。

上野　ああ、なるほど。戦争で引き揚げてきた人たちは全部で六〇〇万人いたと言われています。つまりあの当時の日本に、六〇〇万の人口が増えたわけですよ。年配の人に話を聞くと「戦時中じゃなく、戦後に飢餓を体験した」と言うんです。敗戦後に植民地がなくなり、生産力が落ちている本土に突然六〇〇万人も人口が増えた。だから敗戦後の数年間が、一番厳しい飢餓体験だった。その時に生まれたベビーブーマーの私たちは栄養が回らなくて、こんなにちっちゃいんです（笑）。

佐高　何を言いたいの（笑）。

上野　とにかく、そういう時代だったんですよ。

†映画で見る戦争の記憶

佐高　上野さんと私がつい最近見た『無音の叫び声』という作品がありますね（原村政樹監督、二〇一五年）。これは山形の農民詩人・木村迪夫《みちお》さんのドキュメンタリーです。ここでちょっと、木村さんの話をさせてもらいます。

木村さんは昭和一〇年生まれなんですけど、お父さんと叔父さんが戦死してるんですね。お父さんは長男なんだけど、叔父さんが死んだ時、木村さんのおばあちゃんは「おんずこはしょうがねぇ」と言った。「おんずこ」というのは二番目の子という意味です。次男坊はしょうがない。国に奉公に出したんだからと。

その叔父さんの葬式をしている時に、長男の戦死の報が届く。そうしたらおばあちゃんは「天子さまのいたずらじゃ！　むごいあそびじゃ！」と言って三日三晩飯を食わない。木村さんのお母さんが「婆はん、まま食てけろ。食わねぇと死ぬ」と言っても、「死んだほうがええ！　死んだほうがええ！」と言って三日三晩飯を食わなかった。木村さんによると、そのおばあちゃんは文盲だった。おばあちゃんの言葉がまさに詩になっていて、それを木村さんが書き留めたのが「祖母のうた」です。「にほんのひのまる／なだてあかい／かえらぬ／おらがむすこのちであかい」。これは絶唱ですよね。

上野 そうですねぇ。

佐高 上野さんも山形に行くと、木村さんのお世話になっているでしょ。私は山形出身だから、本当に親しくしています。

上野 そうです。そのドキュメンタリー会場で、木村さんにもお会いしました。

佐高 木村さんはずっと、兵隊に出せない人の子として蔑まれてきたんですよね。木村さんには、そういう存在感がすごく感じられる。余談ですが、木村さんは『三里塚』シリーズを撮った小川プロの小川紳介さんと仲良くなって、自分のうちの隣に小川プロを呼ぶんですよ。そうしたら、山形県上山市牧野は「山形の村に赤い鳥が飛んできた」ということで大変な騒ぎになるんですけど。でも、あの詩は、日の丸を一発で吹き飛ばしますよね。

上野　そういう天子さまにもたてつくようなおばあちゃん、お母さんたちが日本全国にいっぱいいいたはずなのに、今の体たらくは何なんでしょう。そう思っちゃうよね。

佐高　木村さんの叔父さんが死んだのは北太平洋に浮かぶウェーク島というところなんですけど、戦後三〇年ぐらい経ってから、木村さんはそこに遺骨収集に行くんですよね。そこでは、しゃれこうべが道端に転がっている。それを何体か並べて、最後に火をつけるんですね。それがまさに『無音の叫び声』という詩のモチーフになるんですけど、あれはすさまじかった。

上野　小川プロの評判は現地では悪いようですけど、ああいうドキュメンタリーを残したという功績は大きいですよね。記録をつくっておくというのは、すごく大事なことだから。

佐高　小川プロは「三里塚」グループを撮ったから、超赤いと思われているでしょ。木村さんのお母さんは最初「迪夫がまた貧乏神を拾ってきた！」と言って大反対で、小川さんと口をきかなかった。でも三カ月もしないうちに、小川紳介とお母さんが一番仲良くなっちゃった。気持ちが解けるまで、小川プロはカメラを向けなかったんですね。そのへんは何か、心の通い合いがあったんだろうね。

上野　映画の話が出たから、つけ加えていうと、松井久子さんという映画監督がフェミニズムのドキュメンタリー映画『何を恐れる　フェミニズムを生きた女たち』（二〇一五年）をつくってくれました。彼女の最新作が『不思議なクニの憲法』という憲法のドキュメンタリーです。よくできた映画でね。孫崎亨と長谷部恭男がほぼ主役なんですけど、なかなか面白かったです。

この映画、伊勢崎賢治さんの登場は、彼がトランペットを吹いているシーンではじまるんです。この人、超かっこよくて、ジャズトランペッターなの。

佐高　へえ、それは知らなかったな。

上野　彼はそこで、次のようなことを言っています。

今さら「九条を守れ」なんて言うな。世界ではもうとっくに、日本は戦争をする国と思われてしまっている。そこで「九条を守れ」なんて言ったら、世界中にわざわざ「日本は嘘つきの国だ」と言って回るようなものじゃないか。憲法改正があるとしたら、反戦勢力の側からしかない。彼はそうきっぱり言ってるの。超かっこいい。

佐高　彼は実際に紛争地域に行って、調停をやった。そんな人にそのように言われると説得力はありますね。

（対談日　二〇一六年六月六日）

第３章

これからの「戦争と平和」

冨澤 暉×伊勢崎賢治

冨澤暉（とみざわ・ひかる）
昭和13年東京生まれ。防衛大学卒業。昭和35年3月自衛隊に入隊。師団長（東京都練馬区）、方面総監（北海道札幌市）、陸上幕僚長（東京都港区）を歴任。退官後は、東洋学園大学理事兼客員教授として、安全保障、危機管理などを担当。平成27年3月、教職を辞し現在同大学理事兼名誉教授。日本防衛学会顧問。財団法人偕行社理事長。著書に『逆説の軍事論』（バジリコ）がある。

伊勢崎賢治（いせざき・けんじ）
1957年東京生まれ。大学卒業後、インド留学中にスラム住民の居住権獲得運動に携わる。国際NGOスタッフとしてアフリカ各地で活動後、東ティモール、シエラレオネ、アフガニスタンで紛争処理を指揮。現在、東京外国語大学教授。紛争予防・平和構築講座を担当。著書に『国際貢献のウソ』（ちくまプリマー新書）『本当の戦争の話をしよう——世界の「対立」を仕切る』（朝日出版社）などがある。

†「戦争と平和」はどこが間違っているのか

冨澤　この対談のタイトルである「これからの「戦争と平和」」について話していきたいと思います。実は、「これからの「戦争と平和」」というタイトルの提案を受けた際、「戦争と平和は困るんだよなぁ」と言いました。

私は二〇一五年の夏、本を出しました。その本のタイトルを付ける時、バジリコという出版社の社長が来て「冨澤さん、『戦争と平和』っていうタイトルを付けようか」と言うので即座に「駄目だ」と言いました。すると「じゃあ『戦争論』ではどうか」と言ってきたので、「『戦争論』はクラウゼヴィッツが書いているので、私ごときが書いたのではお恥ずかしいから、それも勘弁してくれ」「僕は戦争という言葉が嫌いだ。だから『軍事論』にする」と言いました。そうしたら「冨澤さん、『軍事論』じゃ日本人は誰も買ってくれませんよ」と言うので困っちゃった記憶があります。あまり買ってもらえないのも困りますから「それじゃあ『逆説の軍事論』にしましょう」と提案し、その題で本を書きました。

伊勢崎　「戦争と平和」の併記は、なかなか難しいものがありますね。

冨澤　私が「戦争と平和」では駄目だと言ったのは、これらが相反する言葉だからです。まず、トルストイの有名な大河小説『戦争と平和』があります。ちなみに今、参議院議員をやっておられる猪口邦子さんが上智大学で書いた博士論文の題も「戦争と平和」です。

トルストイの『戦争と平和』はナポレオン戦争を描いており、ロシアの貴族たちの話から始まっている。彼は人道主義者として、農奴などの生活について考えながら人間とは何かということを追求し、あの作品を書いた。トルストイはだいたい、次のようなことを言っています。戦争と平和というのは歴史において必ず出てくるが、その中で人間がいかに生きるかということのほうが大事である。これは小説家としての捉え方ですね。しかし、ナポレオンの時代の戦争と現在考えられる戦争では、質がまったく違います。

また、現在、戦争にかんする法律は存在しないことになっている。国連憲章を見ても、戦争という言葉は、過去の戦争以外はどこにも書かれていない。戦争というのは明らかに違法ですから、今は行われていないはずなんですが、実際には紛争・戦闘が後を絶たない。

だから、私どもは社会現象としての平和を求めるわけですが、実はこれと戦争は関係ないんですね。私が「これからも戦争があるんだ」という前提で喋るのはまずいし、そういうことはしたくない。だから、私の考える軍事とは、平和を獲得するための軍事です。平和を求め、維持するためには軍事が必要である。私はそう考えているから「戦争と平和」とは言わず、「軍事と平和」と言います。

†「平和」と言いすぎると戦争になってしまう?

冨澤　さきほど説明した『逆説の軍事論』には、「平和を支える力の論理」という副題がついています。今、平和を支えるための力とは何か。私はそういうことを考えて軍事論を書きました。ですからこのトークイベントは「これからの「戦争と平和」」ではなく、「これからの「軍事と平和」」という題でやっていただきたかった。伊勢崎さん、これについて何かありますか?

伊勢崎　僕もこの頃、「戦争と平和」という題の立て方にたいして疑問に思っています。戦争を否定することにかんして非戦という言葉がありますが、非戦と平和が同義語かと言うとそうでもない。今、大学で「戦争コミュニケーション論」という新たな学問領域をつくって教えているんですが、これは「非戦≠平和である。なぜなら戦争＝平和だから」という問題提起から始まっている。過去の戦争というのはだいたい、平和を名目に行われている。特に民主主義がはじめる戦争では、「平和のためにやらなきゃいけない」というように世論を形成していく。為政者は、平和を口実に戦争するわけですから。

冨澤　確かにそうですね。

伊勢崎　最近、護憲派や九条の会の集まりでは「あまり平和、平和と言ってると戦争になっちゃうよ」と言うようにしています。安倍さんはしばしば、積極的平和主義という言葉を使いますね。これは平和学の権威であるヨハン・ガルトゥングが一九五八年に提唱したpositive peace（積極的平和）とよく混同され、二〇一五年九月に安倍さんの国連総会のスピーチで使われた際には英字メディアでproactive contributor to peaceなどと訳されましたが、両者が意味するところはまったく違う。proactiveはどちらかというと「先制」の意味ですが「積極的」と訳されてしまい、「平和」の混乱に拍車をかけました。いっそ、戦争と平和をもう対義語として扱うのをやめて、「平和」を他の明確な言葉に置き換える時期にきているのではないかと思います。

冨澤さんは「軍事と平和」と言う時、軍事をことさらに肯定しているわけではない、と思っています。国家がある限り、軍事はいやでもおうでも存在する。これは、今のところ、どうしようもない。我々は悪いことをしたら捕まり、国内法で裁かれますが、国から一歩出たらそういう世界ではなくなる。たとえば、アメリカの国内法と日本の国内法は違います。アフリカも違いますし、中東に行ったらもっと違います。それぞれの国内法を育む国家という小宇宙がたくさんあり、そのすき間を含む全世界は、依然、無法地帯です。その小宇宙同士で争いが起こるものを戦争と言うわけですが、人類は現在に至るまで、無法地帯でも、それを何とか統制する試みを続けてきた。

それは、まず、戦争の非人道性を排除しようという試みです。戦争そのものを違法化するという努力もです。非戦というのは、別に九条の専売特許ではありません。非人道性の排除とは、「こんな殺し方はやめよう」とか「こんな武器を使うのはやめよう」という条約やルールの積み重ねです。かつての戦時国際法、今で言う国際人道法ですね。大戦後、それらに加えて国連憲章ができた。

地球上で起こるすべての殺傷行為を、国内法のきめ細かさのように、ただ一つ、人権という観点から裁けるような統一法体系ができた時、国連のような組織が地球政府になる。現時点ではそれを夢見るしかない。私は何もイケイケで軍事を肯定しているわけではありません。人類が軍という概念を消滅できたらどんなにいいかと思いますが、それと、現在ある軍事行動をどう統制していくかを混同するべきではないと思うのです。軍事行動はどんなものでも非人道的であると言い切ってしまうことは簡単ですが、現実には、人類は、軍事行動に非人道的なものをいかに排除していくかで精一杯なのですから。

その意味でも「軍事と平和」という立て方は、「戦争と平和」という立て方よりも好きですね。

冨澤　ありがとうございました。先ほど「ナポレオン時代の武力闘争と現在の武力闘争は違う」と申し上げましたが、そのことについて簡単にご説明します。ナポレオン以前のヨーロッパの戦争は今と非常によく似ていて、国家間決戦をやらなかった。ナポレオン以降を近世とするならばそれ以前は中世になりますが、中世にはグスタフ二世アドルフなどといった王様兼大将みたいなのがいた。

クラウゼヴィッツは、次のようなことを言っています。中世の人たちはそれなりにいい戦争をやったけれども、ナポレオン以降の戦争に比べれば、あんなのは戦争とは言えない。当時の国家はまともな戦争をしなかった。夜になったら戦争をやめちゃうとか、冬になったらやめちゃうとか。国家間決戦をやるとお互いにつぶれちゃって損するから、そういう馬鹿なことは絶対にしない。しかも王様同士が親戚だったりするので、無茶苦茶な国家間決戦はやらなかった。

ところがナポレオンという人が出てきて、軍事の革命を起こしました。それを自ら学んだクラウゼヴィッツは「ナポレオンが出てきて戦争は変わり、絶対的戦争になった」と言っています。国家間決戦をやって相手の国を完膚なきまでに叩きのめし、王様のところに行って「これ以降は俺の言うことを聞け」「はい、聞きます」というやり取りをする（城下の誓い）。そこで講和をして終わる戦争を「ナポレオン型の絶対的戦争」と言う。ナポレオン以来、そういう戦争が一五〇年間続きます。つまり一九世紀初めから一九四五年まで、そういう戦争が続いたわけです。

ところが一九四五年以降、大きな国同士の国家間決戦はなくなった。それはなぜかというと、核兵器ができたからです。核兵器を持っている国同士が決戦をするとお互いに死んでしまうため、国家間決戦はできなくなった。それだと核兵器を持たない国同士は決戦できるようにも思いますが、今度は核を持ついくつかの大国が、周囲の核を持たない小国をすべて抑え込んでしまう。一九四五年以降、いろんな戦争がありましたけど、ナポレオン以降の約一五〇年間に起こったような国家間決戦、滅茶苦茶に相手を叩きのめす戦争はなくなってしまった。

伊勢崎　確かに大国が核を保有することで通常戦が抑止されているのは、一つの事実ですね。

冨澤　話は少しずれますが、この間までＪＩＣＡの理事長をやっていた田中明彦（国際政治学者・東大教授）さんが、一九九六年に『新しい「中世」――二一世紀の世界システム』(日本経済新聞社)という本を出しました。この本で、彼は、多くの国は新中世の国になったと、非常に興味深いことを言っています。ナポレオン時代ではなく中世に戻っているようだが、先進国なので「新中世」と言うようです。

それではなぜ、新中世の国ができたのか。今や相互依存状態で、ともに脆弱性を持った国同士は決して無茶苦茶な戦争をしない。そんなことをすれば共倒れして、両方とも死んでしまう。どの国もそんな馬鹿なことをしなくなった。

その一方で田中先生は「ただし、近代国家の中で中国という国だけはまだ新中世になっていない。それが問題だ」と言っている。その本が出版されてから二〇年経っていますが、中国も新中世の国になってもらわないと困りますね。

†国家間の戦争はリアルではない

冨澤　一九四五年から現在に至るまで朝鮮戦争やベトナム戦争などいろいろありましたが、これらはソ連・アメリカという二大大国の裾野の中で行われた限定的・局地的・代理的な戦争です(限定戦争・局地戦争・代理戦争)。これらの戦争でもけっこう人が死にましたけど、第二次大戦までのようなことはない。

二〇世紀の前半、第一次大戦と第二次大戦で亡くなった人は六〇〇〇万人にのぼると言われています。一方で一九四五年以降、ソ連邦が崩壊するまでの二極時代に亡くなった方は朝鮮戦争・ベトナム戦争中心として相当いるんですが、それでも二〇〇〇万〜三〇〇〇万人ぐらいです。二〇世紀前半の世界人口は約二五億で、そのうち六〇〇〇万人が亡くなった。一方で今や世界人口は六〇億〜七〇億にのぼるわけですが、その中で死んだ人は二〇〇〇万〜三〇〇〇万です。

ですから相対的に言うと、二〇世紀前半よりも二〇世紀後半のほうが平和になっている。そういうことを言うと、「ひとりでも死んだら平和じゃない！」と叱られるんですけど。それでも、やはりマクロに考える必要があると思います。

そういう意味で、今や国家間決戦なんていうものはできない。逆に言えば、これは核兵器のおかげです。しかし核廃絶をすれば平和になるかというと、必ずしもそうではない。私はむしろ、危ないんじゃないかと思っています。

今から二十数年前、一九九四年にルワンダで大動乱があった。そこではフツ族とツチ族が大喧嘩し、わずか三カ月ほどで約一〇〇万人が亡くなったんですが、そのうち十数万人は棒切れや鉈のようなもので殴り殺された。ですから核兵器や鉄砲がなくても、大量虐殺はあり得るわけです。

核兵器が恐ろしいということは、声を大にして言わなきゃいけない。これは言うからこそ価値があるんですが、核兵器を完全になくすことは不可能ではないでしょうか。通常兵器の場合、「俺がこの通常兵器で相手を殺しても、俺は死なないかもしれない」という希望があるんですが、核兵器の場合は「これで叩けば俺も死ぬ」という覚悟をしなきゃいけない。ですから核兵器は意外と、世界の平和を守っているんじゃないかと思います。

伊勢崎　核兵器の問題にかんしては、たしかにその通りです。冨澤さんも僕も別に、核兵器を概念として肯定しているわけではない。でも、人間はあんな恐ろしいものをつくっちゃったんだから、概念として全否定することと、現実問題として更なる拡散をどう防ぐかという試行錯誤は、別次元のものであり、相反するものではないということです。

現実の国際政治の中で、大国が核を保有することによって通常戦が抑止されていることは事実です。大国同士が、それぞれ領土で直接的に戦火を交えることはどんどん蓋然性がなくなっているのですが、バッファー・ステート（buffer state 緩衝独立国）では依然ありますすね。今のクリミアや冷戦当時のベトナムやアフガニスタンですね。日本はその一つに分類されるのかもしれません。

たとえば、インドとパキスタン。熾烈な印パ戦争では、両国が核弾頭を持ってから、一応、通常戦は抑止されているという事実がある。現在、インドでヒンドゥー極右のモディ政権ができて、ちょっとまた緊張してきておりますが。

とにかく、このニュアンスは非常に伝えにくい。反核運動は正しいことだと思いますが、核保有によって通常戦を抑止できるという事実を、好き嫌いは別にして、内包しない反核運動は、〝平和〟と矛盾する。それだけの話です。

冨澤　今、国際政治・軍事上の議論において、大国同士のドンパチについては心配する必要がなくなりつつありますからね。

伊勢崎　そうです。一方で、9・11以降のテロとの戦いは、戦争の概念を大きく変えました。二〇一五年一月のシャルリー・エブド襲撃事件以降、フランスはシリアのイスラム国にたいして空爆を行っていますが、あれは個別的自衛権の行使です。パリのテロ事件は「犯罪」としての対処なんですが、その報復措置は「戦争」なんですよ。パリの襲撃事件の犯人を捕まえた時、国内法で裁くわけですから犯人の人権を考えますが、その報復措置として空爆する時にはそれほどきめこまかく考えなくていい。なぜなら、悲しいけど、こっちは戦争なんだから。

このように、世界は今や、「防犯」と「戦争」の世界を自由に行き来する敵をつくってしまった。テロリストの出現は戦争の概念を変え、これとの戦いが始まりました。我々はかろうじて核不拡散のレジームを運営しているわけですが、テロリストと呼ばれる人たちがそれに照準を合わせる時代が来てしまったのです。つまり核セキュリティの時代が来たわけです。

核セキュリティという概念はソ連崩壊後、マフィアグループなどに核が盗まれそれがならず者国家の手に渡る脅威が顕在化してから生まれた経緯がありますが、9・11の後、核セキュリティは、対テロ戦の問題として考えるようになりました。9・11の主犯たちが核施設をターゲットにしていたと米政府検証委員会が報告してからです。しかし、これに対する日本政府・日本社会の意識は皆無に等しい。

冨澤　危機感がないのでしょうか。

伊勢崎　はい。一方で、今テロリストを想定した核セキュリティの国際条約が数本あり、日本もこれを批准しているのです。しかし、原発がテロリストに狙われる可能性は、事故つまり核セイフティがそうであったように、「想定外」として、現実に何の対策も取られていません。セイフティに加えて狙われる恐怖を問題にしたら、当然、再稼働への障害が一段と増えることですから、そんな政治的思惑が働いていないことを願うばかりですが。

3・11は、世界に向けて新たなヒントを与えてしまったといえます。それまでは建屋をいかに丈夫につくるか、防護区域をいかにして突破されないようにするかみたいなことを考えてきたわけですが、ほんの少人数の軽武装の集団で一日占拠して電源喪失させるだけで水素爆発してしまうことを高らかに周知してしまった。

日本の核セキュリティ対策が、欧米、とくにアメリカから見ると、悲劇的に遅れていることを、近著『テロリストは日本の「何」を見ているか』(幻冬舎新書)で検証しました。

†憲法九条を二人はどう見るか

冨澤　テロと核というのは大変な問題で、これについて喋りだすと紙幅がどれだけあっても足りなくなるので、次に「憲法九条はどうすべきと考えているか?」ということを話し合いましょう。

私はしばしば「九条の会」に属している方と話す機会があるんですが、彼らは次のようなことを言います。憲法九条という平和憲法によって戦後七〇年も平和を保てたのだから、これを変える必要はない。今後も平和憲法を持続していけば、七〇年先も平和だろう、と。

私がそこで申し上げるのは、先ほどの軍事の問題です。憲法九条には一応「軍事力を持たない」と書いてある。一項は第一次大戦後の不戦条約(ケロッグ・ブリアン協定)から来たもので、世界中のどこでも使われているので、一項は特に問題はありません。

問題は二項です。ここには「軍事力・軍隊を持たない」と書かれている。日本は九条を七〇年間持続してきたと言うけれども、残念ながら一度も軍隊を放棄したことがない。日本には終戦の時から米軍がいて、国土を守っていた。それに加えて一応、個別的自衛権を持った自衛隊というのが存在する。戦後から現在に至るまでその両方の軍隊が存在し、七〇年間平和が保たれてきたわけですから、憲法九条をそのまま金科玉条としておけば平和になるというのはまったく理屈が通らない。これについて、伊勢崎さんはどうお考えですか？

伊勢崎　憲法九条二項では「戦力」に加えて、「交戦権」も否定している。日本の政局・議論は自衛隊という常備軍・戦力の問題に傾きがちですが、現在の戦争の観点から言って重要なのは交戦権のほうです。戦力ではありません。

自衛隊という戦力がなくても、戦争、つまり「交戦」はできる。素手でも竹やりでも、国家の打撃力として敵に向かって行使したら、法理論上は「交戦」です。そこで「交戦」はルール通りにやらなきゃいけない。このルールが交戦規定。「こんな殺し方ないよね」「こんな武器あんまりだ」みたいに「やってはいけないこと」（ネガティヴ・リスト）を「紛争の当事者」つまり「交戦」の主体に課してきた歴史的な集積が国際慣習法です。これは戦時国際法と言われていましたが、今では国際人道法が一般的です。つまり、戦闘における「非人道性」を排除しようとしてきた人類の努力の集積ですね。ハーグ条約、パリ不戦条約、ジュネーブ条約とか言われるものの総体です。対人地雷廃絶など、現在も進化しています。

戦争ハンタイを言うのはいいけど、この「交戦」を問題にしなければ、議論が感情論の域を出なくなる。「コスタリカみたいになればいい」という意見もありますが、コスタリカだって常備軍を持ってないだけで、自衛のために交戦つまり戦争はします。永世中立国だって敵が現れたら交戦するんだから、交戦しない国家はない。国家による全ての打撃力の行使を「交戦規定」として統制しようとする人類の試みが国際人道法であり、「交戦」ではない打撃力の行使はあってはならない。これが国際法の考え方です。

〝必要最小限〟の自衛のための反撃なら「交戦」じゃない、という理屈は国際法では通りません。だって、国連ができてから、国家による打撃力の行使の口実は、二つの自衛権（個別的、集団的）、ＰＫＯのように国連としてみんなでやるもの（集団安全保障）しか許されていないのですから。個別的自衛権でも、一旦行使されれば、それは「交戦」として、国連の誕生より前からある慣習法として国際人道法で統制される。

しかし、日本は、必要最小限であれば「交戦」じゃないものがあるということで、日本独自の「自衛権」を定義してきたのですが、これは、国際法的にはありえません。ていうか、あっちゃいけません。繰り返しますが、全ての打撃力の行使を「交戦」として統制しようとするのが国際法なのですから。

でも、こうやって、九条は〝護られて〟きたのですね。

†占領者は相手に怯え、交戦権をはく奪した

伊勢崎　九条二項の「交戦権」という言葉の原文は、マッカーサー・ノートから来たright of belligerencyです。つまり、「交戦」belligerencyに入る権利を日本から剝奪している。これは、同じ敗戦国のドイツにはしなかった。なぜか。歴史家の検証が必

要だと思います。

僕は「日本国憲法は押し付けか否か」みたいな議論には参加したくありません。ただ、事実は、アメリカの占領時代に発布されたということ。

僕はアフガニスタンで日本政府代表として「アメリカの戦後」にかかわりましたが、その体験からひとつはっきり言えることがあります。莫大な戦費を投資し、人的犠牲を払ってやっと勝利した占領者は、二度と刃向かわせないようにその非占領国家・社会をつくる。これはごく当たり前の心理で、七〇年前のアメリカもそうであったに違いない。あとアフガニスタンでもそうだったんですけど、占領者というのは完全勝利すればするほど復讐に怯える。その恐怖にさいなまれる。

当時のアメリカもそうだったはずです。ましてや日本の場合、原爆を落とした後ですから。こいつらは素手でも特攻するやつらだ、と。だから戦力のみならず、交戦に入る権利まですべて剝奪した。僕はそう思うんですけど、冨澤さんはどうですか？

冨澤 交戦権というのは非常に大きな問題ですよね。GHQ民政局課長・次長を歴任したチャールズ・ケーディスは日本国憲法をつくりあげた張本人なんですが、産経新聞記者が彼にインタビューしたら、次のように言ったそうです。「あれは間違いだった。私は交戦権について、勘違いをしていた。あの時、日本側から「これは外してくれ」と言われれば外したんだけど」。

日本人のほとんどは交戦権を「交戦する権利」と捉えていますが、日本の国際法辞典を見ても交戦権という言葉はどこにも書かれていないんですね。ですからこれは、ケーディスたちがつくった言葉なんです。それから right of belligerency という言葉がありますが、belligerency というのは「交戦すること」という意味ではなく、「交戦状態」という意味です。これを直訳すると「交戦状態の権利」となりますから、英語のネイティヴ・スピーカーである彼らの単純ミスだと思うんです。

別な言葉で言うと right of belligerency というのは交戦資格みたいなもので、これは交戦団体であればどこでも持てる権利です。ところが彼らは「日本には軍隊を与えないんだから、交戦権も与えない」と誤解し、交戦権という言葉をつくってしまった。まあ、わずか二週間のやっつけ仕事ですからね。

†交戦権という言葉は日本にしかない？

冨澤　日本には憲法学者のなかには、「日本は途中で解釈変更した。吉田茂は最初「日本には個別的自衛権もない」と言ったけれども、実際には個別的自衛権だけはある」というような学者がいます。私はそう主張する人たちに、「ではあなたたちはなぜ、交戦権という言葉を消すように活動しないんですか？」と言います。

その一方で、憲法学者の中には相変わらず「日本には個別的自衛権もない」と言う人たちもいる。私はそう主張する人たちに、次のように言います。昭和二九年に自衛隊をつくり、存在させたことは憲法違反だろう。なぜその時から「自衛隊は憲法違反だ」と言わなかったのか。自衛隊というのは憲法違反であり、彼らがいることによって我々はこれだけの損害を受けている。だからこれをすべてなくし、国民に今までの分の弁償をしろ。彼らの論理からすれば、憲法学者はそういう訴えを起こすべき。

伊勢崎　おっしゃる通りです。これは当時だけの問題ではなく、今もずっと引きずっています。さっきも言ったように、国際人道法というのは交戦での非人道性を排除するために現在でも進化している。

戦後から現在に至るまで交戦資格は変化してきています。世界は内戦の時代を迎えて国家じゃない主体にも「紛争の当事者」として交戦規定をまもらせなければならなくなった。ある程度組織化されていて指揮命令系統が存在する非政府組織も「交戦」の主体とみなす。正式には一九七七年のジュネーヴ諸条約追加議定書からです。

たとえば日本に敵が攻めてきて、自衛隊の代わりに広域暴力団が組織として応戦した場合、彼らも交戦主体と見なされるかもしれない。

こんなのが南スーダンで自衛隊が対峙する交戦主体です。そして、自衛隊自身も彼ら敵から見たら、国際法上の交戦主体です。

冨澤　南スーダンについてはまた後でふれることにしましょう。

伊勢崎　そうですね。それで、「交戦権」に関して、グーグルでright of belligerencyと入力して検索すると、ほとんど日本の憲法がらみの文献しか出てこない。

それは、そもそも交戦はright（権利）というニュアンスではなく、交戦主体とは何かを定義し、そうと分かるように識別義務を課し、交戦で「やっちゃいけないこと」をルールとしてまもる義務のニュアンスです。

別に、日本人が考えているように、日本は九条で、誰でも持っている戦争する「権利」を放棄している、だから偉い、というニュアンスのものではないのです。強いて「権利」という言葉を使えば、「交戦主体として交戦規定を守って同じく交戦主体である敵を殺傷していれば国際法違反にならない権利」と言えばいいでしょうか。belligerencyというのは非常に古典的な言い方です。現代国際法にはあまり出てこない。出てくるのは、party（交戦主体）という言葉です。

なんか、日本人は、一般的に、交戦権というと、戦争を仕掛ける権利、みたいに捉えていますが、国連ができてからはより明確に、国連の「集団安全保障」の名目以外の武力の行使は、二つの自衛権、個別的自衛権と集団的自衛権しか認められていないのですから、現代において全ての戦争は「自衛」なのです。その自衛権が行使されると自動的に「交戦」となる。

でも、日本は、「必要最小限」なら「交戦」じゃないと言う。通常戦力で世界第四位と評価されるまでになってしまった軍事大国の「必要最小限」が、です。

冨澤　だから、まったくおかしなことになっているんですよね。個別的自衛権を持ち、日本の領土・領海内に攻めてきた者にたいして自衛隊が戦うことは許している。九条をそう解釈する憲法学者たちは、日本に交戦権がないということを言えない。

彼らは交戦権という言葉について質問されると口を濁してしまいがちですが、そうではなく「この交戦権という言葉は間違っている。自衛隊があり、個別的自衛権は使えるという状態であるならば交戦権を認めないとはいえない」と言わねばならない。この「認めない」というのも面白いですよね。これは明らかに、占領軍が日本に「交戦権を認めない」という意味ですから。

伊勢崎　占領当時、被占領者に対して憲法のようなそれまでの社会の根幹にかかわるようなものを激変させることを禁じるハーグ陸戦条約の観点から、占領期につくられた現憲法は無効である、という説もあります。確かに、僕もかかわることになるアメリカのアフガニスタン占領期には、まずアフガン人有識者だけで構成される憲法草稿委員会がその前の憲法をベースに協議し原型をつくり、それを地方まで出かけて行ってタウンミーティング的な公聴プロセスを経て、直接選挙とは言えないけど選挙によって選ばれた代表で構成される憲法制定用の議会をつくり、三年をかけて新憲法を制定しました。もちろん、ここでは、国連が中立な立場で、資金援助を含めてかかわっていますが。

†井上達夫の九条論をどう見るか

冨澤　交戦権の話から憲法九条それ自体の話に戻しましょう。憲法に関して目新しい議論をしている井上達夫さんという方がいます。井上さんは東大大学院の法哲学の教授で、ハーバード大学などで勉強されてきました。二〇一六年一月、井上さんと伊勢崎さん、私、もうひとりの元自衛官の伊藤俊幸さんの四人でシンポジウムをやりました（公開シンポジウム「自衛隊って『戦場』に行くの？――問われる国民合意と報道」）。

その時に初めてお会いして二次会等でもいろいろお話ししましたが、非常に面白い方です。今、この方の『リベラルのことは嫌いでも、リベラリズムは嫌いにならないでください』（毎日新聞出版、二〇一五年）や、『憲法の涙』（同、二〇一六年）はとてもよく売れていると聞きます。

井上さんが言っていることを縮めると、現在の日本において、基本的人権と国家主権が二項対立のように相対しているという考え方があるけれども、そういうことはあり得ない。国家主権というのは、基本的人権を守るために存在すると言っています。

ここで、歴史のおさらいをしておきますと、一七世紀にホッブズは『リヴァイアサン』で、民主主義の基本について述べた。自由な人間が自由に動くと万人が万人の敵になり、騒乱が起こる。そこに秩序を与えられるのは王様しかいない。彼は当時の社会情勢からそういうことを言ったわけです。

その一方で、王様に主権を与えると個人の基本的人権を侵す恐れがあるということをちゃんとわかっていた。みんながただ自由にやっていくと万人が万人の敵になり、秩序・平和がなくなってお互いに殺し合う。彼はそういうことを言いだしたわけです。

その後、ロックが王様じゃまずいから「王様を代えることができる」と言ったり、ルソーが「いや、我々が王様になるんだ」と言ったりした。またモンテスキューは「主権が大きいから、三権分立しなきゃいけない」と言った。

まとめると、井上達夫さんは第一テーゼとして、「基本的人権と国家主権は対立するものではなく、基本的人権を生かすために国家主権がある。そのことをみんなが認識しなきゃいけない」と言っています。

また、憲法九条にかんしては、軍事力を持つかどうかというのは政策の問題で、基本的人権など憲法の基本にかかわる問題とは異なる。政策というのはその時々の状況によって変わるものだから、憲法のように長い間固定するものでそういうことを決めておくのは非常に具合が悪い。だから憲法九条は、憲法から削除すべきであると論を立てていきます。

これは非常にわかりやすい意見ですね。東大でも先ほどの本はすごく売れているそうです。伊勢崎さんは井上さんの憲法論について、どのようにお考えですか？

伊勢崎　僕は彼の本の中に登場します！（笑）。彼の戦争論はすごく刺激的かつ恐ろしいほど冷静で、彼の英語の論文を送ってもらって、大学院の授業、外国人研究者が対象の英語でやる授業ですが、彼の論説を使わせていただいています。

彼の「九条削除論」を暴論のように捉える人がいますが、右・左関係なく日本人全体に、「交戦」のリアリズムを突きつける問題提議だと僕は思っています（詳しくは、上記掲載著で)。

結局、日本の右・左は、戦争に対峙する争点を単に「戦力」の保持、つまり、自衛隊の存在論だけに集約させてきた。戦争の本質は「交戦」にあるのですが。自衛隊の存在に反対することが非戦と信じている護憲派。それを「お花畑」と嘲笑うのが「交戦」の原理を理解せず、かつてはソ連、今は中国の脅威を喧伝するばかりの改憲派。これがずっと右・左の政局になってきた。

彼は、特に、九条護憲派に厳しい。でも、どんな時でも戦争をするのは政府ですから、戦後、一時期を除いてずっと非政府側であり続けた護憲派リベラルに対して、非戦を標榜するならもっとマジメにやれ！　という愛の鞭なのではないかと僕は思っています。

井上さんは「九条で自衛隊の存在を否定しながら、一三条で復活している」と言います。つまり、自衛隊の存在と「交戦」を九条で完全に否定しているものの、一三条の生命、自由、幸福追求権のために必要最小限の反撃なら「交戦」でない自衛権の行使がありうるとして自衛隊を〝なんとなく合憲〟している。ところが、国際法的には

「交戦」でない自衛権の行使はありえない。ましてや日本という軍事大国の必要最小限って……。

これ、まともに考えたらオカシイですよね。でも、どんなオカシイものでも、それが長期間にわたって恣意的に維持されるとリクツじゃなく教義のようになってゆきますから。それと、オカシイものをオカシクナイとするための法理論の積み上げで、その教義が更に難解に密教化していったのが護憲論なのだと思います。その点で、同じ法理論の大家として、オカシイものをオカシイと一刀両断するのが井上さんですね。

冨澤　井上さんは法哲学者ですから、お話を聞くといつもスカッとします。だけど実際問題として、憲法から第九条を削除するのは難しいだろうなと思います。

†自衛隊は軍隊でないなら何なのか

冨澤　憲法とは少し離れて、次に、諸外国において自衛隊はどう見られているのか話したいと思います。私が現役の自衛隊員だった時、私より二〇歳年上で、旧軍の将校だった人がいました。彼は自衛隊で優秀だったので、すぐにアメリカに留学しました。

彼はアメリカの軍学校で「私たちはあなた方が言うようなアーミーではなく、Ground Self-Defense Force（自衛隊）だ」と言ったら、クラスメートにゲラゲラ笑われたそうです。

彼らはなぜ、Ground Self-Defense Forceという言葉を聞いて笑ったのか。日本では、国内刑法上の正当防衛と国際法上の自衛はそれぞれ別な言葉になりますが、アメリカでは両方ともself-defenseになる。アメリカの軍人の大半は国際法上の自衛という言葉を知らないため、self-defenseと言うと国内刑法上の正当防衛のことを思い浮かべます。

伊勢崎　一般の人はなおのことそうかもしれませんね。

冨澤　たとえば護身術は、英語ではart of self-defenseといいますからね。だから彼らは、我々がSelf-Defense Forceと言うと笑うんですよ。軍隊は祖国や世界の秩序を守るという崇高な任務を持っているのに、自分の身を守る軍隊なんているか。これはアメリカ人の常識なんですね。

彼はそこで非常に腹を立て、帰ってきたらすぐに自衛隊をやめて、田舎の中企業の大社長になりました。それから数十年後、私どもがちょっと偉くなった頃にやってきて「お前らはまだ、アメリカ人に笑われながらあんなつまらんことをやってるのか」と馬鹿にしました。私たちは「そんなことはありません」と反論し、徹夜で喧嘩したことがあるんですけど。

外国では自衛隊というのがとても不思議な言葉に聞こえるので、彼はそう言ったとたんに馬鹿にされた。私自身にはそういう経験はないんですが、駐在武官の連中は「お前の国の自衛隊というのはおかしな言葉だ」と馬鹿にされている。私はずっと自衛隊にいたものですから、この名称に愛着があります。

自民党は新しい憲法の制定に向けて自民党憲法改正草案というのをつくったんですが、その中に自衛軍という言葉がありました。自衛軍を英語に訳すと、やはりSelf-Defense Forceになる。これではまったく同じ誤解が続くから、名前を変えてくれ。我々がそう訴えたら、舛添要一さんが国防軍という名称に変えてくれました。ところが今、自民党の中でも「九十数パーセントの国民が自衛隊という名前を支持しているのに、今から国防軍なんていうおどろおどろしい名前にしなくてもいいだろう」という意見が出ている状態です。

伊勢崎　日本の場合、「軍」・「隊」という問題になるからおかしくなるんです。日本国憲法にある「戦力」は、英語の原文ではforceになっている。Self-Defense Forceのforceと何が違うんだ、と。今回の南スーダンの「戦闘」を「衝突」としたり、言葉の遊びは今に始まったことじゃないですが、自衛「隊」を「軍」にすると言うと、軍国主義か！　と、とたんに、政治的な色がついてしまう。

ホント、くだらないけど言葉の威力を認めなければならないのですが、「軍事が無い世界を」という夢は頭の片隅に置いておいて、以下のように考えてみてはどうでしょう。

1.　現在、日本には、自衛隊というひとつの職能集団を全解体するという「政治力」は当面存在しない（日本共産党ですらそうなのですから）という現実を受け入れるなら

2.　民主主義という国家体制において、国防という責務を、ひとつの職能集団に授ける、すなわち、その社会で最も殺傷能力のある兵器の独占をひとつの職能集団に託

す選択をするのであれば、

3．そういう職能集団は――民主的に統制されたら大変危険なものだから――我々を縛る一般法律ではなく、より厳しい法律（特別法）で縛らなければならない。

こういう観点を国民的議論に加えるべきでしょう。

冨澤　おっしゃる通りです。

伊勢崎　自衛隊は三〇年ほど前から、PKOにかんして言えば一九九二年にカンボジアに派遣された時から「軍」として行っている。彼らが着用するのは、普段着ではなく、戦闘服です。これは戦時国際法・国際人道法上の義務です。敵から戦闘員だとわかるようにしなければならない識別の義務です。同法で最大の違法行為である民間人の殺傷を阻止するためです。

そして右腕には、国連の指揮下にあることを示す腕章を付ける。パキスタン軍であろうがアメリカ軍であろうが、戦闘服を着て国連の腕章を付けて武装すれば、ひとつの「軍」として「一体化」する。これがひとつの統合指揮下で行動する多国籍軍です。自衛隊も国連の統合指揮下にあるのです。でも、武力の行使をする多国籍軍と一体化するのは、九条（武力の行使の禁止）に抵触してしまう。だから、「一体化」させないために、自衛隊の指揮権は東京にあり、自衛隊が行使する打撃力は「（国家が主語の）武力の行使」ではなく、「（個々の自衛隊員が主語の）武器の使用」だと説明してきた。

これはまったくの嘘っぱちですよね。東京に指揮権があるというなら、日本は、受け入れ国（たとえば南スーダン）と二国間で独自の地位協定を結ばなければならないはずです。

国連地位協定というのがありまして、国連PKOは全部隊拠出国を束ねて一括で受け入れ国と地位協定を締結します。この仕組みは、国連以外の有志連合軍、たとえば陸上自衛隊が参加したイラクでも同じです。地位協定とは、駐留軍の「特権」を制定するものです。その中で最も重要なのは、裁判権、つまり過失／犯罪時の受け入れ国の司法からの訴追免除です。

地位協定の中でも、国連地位協定は、特殊です。日米地位協定のように二国間のものには、通常、公務外／内（つまり事件が公務内であれば派遣国側、公務外であれば受け入れ国側に裁判権）という区別がありますが、国連地位協定ではそんな区別はなく、外交特権に近いものが認められています。

国連PKOの統合司令部は、この特権を担保することによって、つまり、特権を与えるから言うことをきけよ、と、多国籍の部隊に対して指揮権を発動するのです。

一方、国連には、国連軍事法廷というものが、内政不干渉の原則上、ありませんので、ある派遣国の部隊が過失を犯した場合、結局は、それぞれの国の軍法で裁く。これが、多国籍軍としての国連PKOの仕組みです。

自衛隊であろうが、どの部隊も、右腕には国連の腕章を付け国連の統合指揮下にあることを示し、左腕にはそれぞれの国の国旗を付け、各軍が依拠する法的根拠、軍事的過失の責任の所在を示している。それは各国の軍法です。自衛隊は左腕に日の丸を付けますが、日本には国家として軍事的過失を刑事でなく軍規の観点から裁く法体系がない。

冨澤　そう、だから日本でも、軍事法廷というのをつくらなきゃいけない。現在の憲法には「特別法廷はつくらない」と書いてあるんですが、それはできるんじゃないかと言う人もいるんですね。たとえば海難審判については特別な法律（海難審判法）があるんだから、それと同じようにつくればいいんじゃないかと。

しかしそこでも、最高審判だけは最高裁判所にお願いしなきゃいけない。私たちの間では今、軍が最高審判まで持てるのかということが問題になっています。最高裁まで行くと、裁判が非常に長くなってしまう。軍隊は罪に問われた隊員をできるだけ早く解放し、再び第一線で働かせてやりたいと思っているから、あまり長い裁判をやられたのでは困る。軍にはそういう意向があります。

いずれにせよ、自衛隊が人並みの軍になれば軍事法廷をつくらなければいけないでしょう。軍事法廷をつくるのは隊員を苦しめるためではなく、隊員をできるだけ救うためです。

伊勢崎　そういうことを言うと緊張を与えてしまいますよ（笑）。

でも、これは、国家としての責任の問題なんですね。日本人はアメリカ軍に慣れちゃってるからピンとこないのかもしれないけど、海外に軍を進駐させるというのは、ある意味、異常事態なのです。日米地位協定で我々日本が被る問題が、自衛隊が送られた先で起こるということが大半の日本人は気づかない。事件が起こっても「沖縄の問題」になってしまうからですね。

軍という大変な殺傷兵器を独占している集団が、異国の地で活動する。普通の法治国家であれば、彼らが自国と全く法体系が違う彼の地で過失を起こした場合のことを当然想定し法整備するはずです。ていうか、しなければならない。

繰り返しますが、国連はまだ地球政府になっていないのです。一加盟国の軍事的過失を細かく強制的に裁く法体系を人類はまだ持ち合わせていない。一方で、軍事的過失に対する現地法による免責がなければ、安心して軍事行動に専念できない。だから、過失に対する公正な手続きは立件能力の整備を含めた各派兵国の法体系しかないのです。それぞれの国内の一般法は海外には及びません。国内、国外にかかわらず、ただ一つ軍規という観点から軍事的過失を裁く法体系が必要で、これがあってはじめて国家が責任をとれるのです。首相や大臣が、責任をとる、と口先だけで言って済む問題ではありません。

日本の刑法の国外犯規定では、日本人の過失は裁けません。今回の安保法制でも、自衛隊法での懲罰は、最高刑は懲役七年までです。こんなもので、どう、現地社会に責任ある国家として「いいわけ」ができるのでしょう。

冨澤　軍法はありませんし、もちろん軍隊もありません。

伊勢崎　だから本当は、海外に自衛隊を出せるはずがない。

冨澤　この問題は難しいですから、飛ばしましょう（笑）。

†「緊急事態」は必要か

冨澤　日本国内が攻められた時や大災害などを想定して、自民党憲法改正草案に憲法第九章「緊急事態」（緊急事態の宣言）が盛り込まれたことについてはいろいろ動きがあるようですね。私個人としては、政府が緊急事態を宣言することは必要だと思いますが、「緊急事態の宣言」というのはどこから出てきているのかを確認したほうがよいかと思います。

昔、ローマ時代にディクテーター（dictator 独裁者）というのがいました。ローマ時代にはそれなりの民主主義があり、元老院で議決していたんですけど、戦争になった場合、みんなで小田原評定をやっていたのでは戦いを主導できない。戦争というのは緊急事態ですから、それに備えて戦の上手い人を指揮官として決めておく。その人をディクテーターと言うわけですが、ずっとディクテーターでいられたら困るから時限を付けるんです。

たとえば戦の上手い○○さんはディクテーターになったとして、戦争が上手くいっていようがいまいが、三カ月で必ず交代する。「次は伊勢崎君、君がやれ」と。このようにディクテーターは交代制でした。

しかし、ジュリアス・シーザーが登場して、彼は戦争の天才で、自分が指揮すれば常に勝った。彼はディクテーターの任期が終わる時に「俺は引き続きディクテーターをやる」と言ったので、ブルータスに刺されてしまいます。

そういった意識があったので、私は3・11が起こった時、菅総理は独裁者になってもいいが、最初から「九月には辞める。それまでは俺ひとりに任せてくれ」と言えという文章を書きました。もちろん、ディクテーターというのはひとりではできないから優秀な補佐官を付け、「俺に任せてくれ」と言う。みんなで議論ばかりしていたのでは物事が進まないから、独裁者をやらせてくれ。そう言って九月までやり、必ず身を引くのであれば許すと。

ところが菅さんは、いろいろやってあちこちと衝突し、結局は何もできなかった。私は緊急事態において独裁者が必要であることは認めますが、その人は業績を問わず短い期間で交代するべきだと思います。

伊勢崎　緊急事態の宣言というのは、通常の憲法が暫定的に停止する状況ですね。戒厳令のように、個人の自由が、憲法で保障する人権が、国家安全保障のために制限される。果たして、これを法制化するのは日本に必要なのかという議論ですね。ましてや、憲法に明記するべきか否か。

僕はそういう緊急事態が常態になっている紛争地の現場を経験してきました。ですから、その「必要悪」については、実務家として認識しているつもりです。ですが、憲法論については、専門ではないのでコメントを差し控えます。

でも、ひとつ危惧していることがあります。日本人って、おそらく、そういう緊急事態が不可避的にでも、人為的にでも、事件として起きたら、政府が憲法を停止させる状態を、容易に、無批判に、受け入れてしまう傾向が強いのではないかと思うんです。つまり、無批判に流される、という。

憲法が保障している人権が停止されることの重大さを、口で簡単に言うけれど、理解していない。なぜかというと、こういうことに敏感であるはずのリベラルの側が、自らの人権を自らの手で停止させてしまい、そのことに気づいてもいないからです。

それが二〇一四年の、都知事選です。安倍政権の出現を緊急事態と捉え、安倍政権の非人権性を糾弾する側のリベラル側の運動が、たかが都知事選の組織票のために、宇都宮健児さんとその支援者の公民権の行使を、公然と、妨害し、蹂躙したのです。運動に組織票は必要です。でも、個に宿る公民権の保護は、運動の前提です。運動が、それを否定する非常事態を、公然と、つくってはなりません。

権力に反対する側がこうなのだから、権力側は言わずもがなです。群れた時の日本人は本当に怖い、と思います。

†南スーダン派遣の是非

伊勢崎　自衛隊の南スーダンの派遣については、話さなければならないでしょう。

冨澤　伊勢崎さんと私がこれについて議論した時、意見が分かれました。二〇一六年一〇月八日に稲田防衛大臣が現地を訪問し、これから駆けつけ警護をやるかどうか考えてきたらしいんです。

伊勢崎さんは以前から「南スーダンは危険だから、自衛隊は下げたほうがいい。先進国はみんな、ああいう危険なところにPKOを出すのはやめている。日本は先進国なんだから、あんなところに行く必要はない」というご意見です。それにたいして私は先進国であっても、隣の韓国や中国が来ているんだから日本も行くべきだと思っております。

もちろん実際に決定するうえでは、伊勢崎さんのようなご意見を聞くことも大事です。伊勢崎さんはPKOに何度も行っていて百戦錬磨の方ですから、私よりも現地の状況をよく知っている。だけど伊勢崎さんは、だいたいにおいてひとりで行っておられる。それにたいして私ども自衛隊は、部隊で行っています。

ひとりで行くのと部隊で行くのでは、全然感覚が違います。カンボジア以来、私どもは世界のいろんなところへ行きました。そこでは民間のボランティアの方、ジャーナリストの方、外交官の方がずいぶん亡くなりましたが、自衛隊は運よく、今までひとりも死者を出していない。口幅ったいようですが、自衛隊は日頃から訓練をしておりますす。しかも各部隊でまとまっていますから、相手にたいする抑止力が備わっている。

たいていの人は「駆けつけ警護というのは戦争中に隊員をぶち込むものだ」と思っているようですが、それは全然意味が違います。

日本において、駆けつけ警護はどこから始まったか。私どもの部下はカンボジアに行っていましたが、その時にちょうど選挙があり、多くの日本人が選挙管理委員として現地に向かいました。彼らは自衛隊のそばに来て選挙をやっていたんですが、ポルポト派があちこちから出てきてそれを妨害しそうでした。私どもはその状況を見て「このままだと日本人の命が脅かされるので、近くにいる自衛隊が彼らを警護しなければいけないのではないか」と訴えたんですが、当時、自衛隊には駆けつけ警護という任務がなかった。

日本では警護任務の場合、実際の警護行動というのはなくて、調査研究という名目で行く。調査研究のため、その地域がどうなっているのか見に行く。つまり見張りですね。その時は一応鉄砲をかつぎ、自分たちの加給食（食べ物）を持ってお見舞いがてら選挙管理委員のところに行ったんですが、それは成功したんですね。

そういうレベルから始まって、今ではいろいろなレベルの駆けつけ警護があるわけですが、これはそんなに危険な任務ではない。私どもはそういう認識を持っています。私どもは伊勢崎さんのご意見も聞かなきゃいけないんですが、それを決めるのはあくまで現地の自衛隊員です。彼らが「これは危険だから、私たちはもう帰りたい」と言えば別ですけど、「ここでその程度のことはできますよ」と言うのであれば、稲田さんは彼らの意見に耳を傾けてほしい。

伊勢崎　いや、違うんですよ。それについては二つほど言いたいことがあります。冨澤さんが例に取って言われた時代と今では、ＰＫＯの様相がまったく違う。

その大きなメルクマールになったのは、一九九四年と一九九九年です。国連というのはUnited Nations。つまり「連合国」。地球侵略を企てた不埒者たち（日本もです）を成敗した戦勝五大大国が、二度とこういう侵略者の出現を許さざるべく、地球上で起こる全ての「武力の行使」を五大大国が統制する。国連は、このための体制です。侵略者とは、他国に攻めていき、そこの国民をいじめる。だから、サダム・フセイン政権がクウェートに侵攻した第一次湾岸戦争のような時、国連全体として、それをぶっ叩きに行ったわけですね。

一方、内戦をどうするか、です。内戦ではその国民が犠牲になるのですが、いじめているのは他国ではなく自国の政府なのです。これをなんとかするにも、国連の基本理念である「内政不干渉の原則」が壁となって立ちはだかる。こういう状況で、妥協策としてＰＫＯが生まれたんですね。

つまり、内戦の「紛争当事者」つまり「交戦主体」は、政府と反政府ゲリラですが、その間で停戦が同意され、そこに第三者としてＰＫＯが入ることを、その敵対する「交戦主体」双方が同意する。つまり、同意の元の「武力介入」です。当初のＰＫＯ

はそういうコンセプトだったのです。

でも、その中でいろいろな問題が生じてきました。もし停戦が破れ、戦闘が始まったらPKOはどうするのか。この疑問は当初からあったんですが、PKOを必要とする現場があまりに多すぎたため、放置されていたのです。

ところが一九九四年、この問題が顕在化してしまったのです。ルワンダです。長期間の内戦を経て、やっと政権側（多数派のフツ族）と反政府勢力（少数派のツチ族）の間で停戦が合意され、PKOが送られた。ところが、ある事件をきっかけにこれが崩壊し、フツによるツチへの虐殺が始まった。この時、国連は、積極的に武力介入せず、撤退してしまったのです。介入すれば、国連は第三者ではなくなるからです。それも、虐殺を止めようとしたら、政権側のフツに対して武力行使することになる。結果、一〇〇日間で一〇〇万人もの市民が犠牲になった。これが、国連PKOの歴史的なトラウマになるわけです。

国連本部では、こういう場合の民衆を「保護する責任」(Responsibility To Protect)という概念が生まれ、盛んに議論されますが、ルワンダを上回る他の人道的危機が同時進行で発生していた。ルワンダの隣のコンゴ民主共和国や、当時は南スーダンがなかったスーダンのダルフール紛争などです。

そして一九九九年。ついに、国連は歴史的な決定を下します。それが、国連事務総長（コフィー・アナン）の名で告知された「国連部隊による国際人道法の遵守」です。なぜ、これが歴史的な決定なのか。

国連が国際人道法つまり戦時国際法を遵守するということは、イコール、国連が「紛争の当事者」つまり「交戦主体」になるということだからです。これは国連史上はじめてのことです。

国連は歴史的に、国連自体はジュネーブ条約などの国際人道法を批准しなくてもいいという考え方がなされていました。それは、国連は、同法が定義する「紛争の当事者」つまり「交戦主体」になることはないとされていたからです。ＰＫＯという国連としての一種の武力介入が発明された時にも、そこにはまず停戦があるのだから、国連部隊がそこに武力の行使をすることはなく、戦闘状態を扱う同法を国連部隊に適用する必要性はないはずだと理解されていた。でも、既に述べたようにルワンダ等の悲劇を経て、この告知で、それを激変させたのです。国連ＰＫＯに部隊を派遣するということは、つまり、同法における「紛争の当事者」「交戦主体」になることが前提になったのです。

この辺の事情が、日本人には理解できないのです。なぜなら、日本も実は国際人道法に加盟しているのです。でも、国際人道法は「紛争の当事者」「交戦主体」が守るべきルールですから、憲法上「交戦主体」にならないのだったら、元々、国連のように批准も加盟もする必要はないのです。でも加盟している……。

でも、このトークの前半で展開してきた「交戦」にまつわる日本の歴史的な「神学論争」で「見えない化」してきたものが、今、南スーダンで、最大限に「見える化」されているのです。

南スーダンで自衛隊は、「交戦主体」となった国連ＰＫＯと「一体化」しているのです。つまり、根本的に憲法違反です。

一九九九年の国連の劇的な変化を見誤り、国内法の改正をさせなかった日本の外務省の怠慢です。これに気づきもしなかったリベラル知識人、そしてメディアの怠慢です。

†南スーダンから逃げられない理由

伊勢崎　さらにいうと、自衛隊の派遣根拠になっている日本の国内法、一九九二年に制定されたPKO参加五原則の問題です。既に説明してきたように、停戦が破られたら撤退というこの考え方は、もう国連PKOにはありません。むかしの国連PKOの主要任務は「停戦監視」でした。いまは、ルワンダの経験を経て、窮地に陥っている住民を見捨てないという「住民保護」が筆頭任務です。しかも、国連自体が「交戦主体」となってそれをやる。本来であれば、一九九九年、「国連部隊による国際人道法の遵守」の時点で、PKO参加五原則を根本的に見直さなければならなかったのです。

PKOは南スーダンでは、ルワンダのように撤退しないのです。七月に南スーダンの首都ジュバで大統領派と副大統領派の兵士が衝突し住民一五〇人が犠牲になり、PKO部隊兵員二名（中国隊）が殉職しましたが、安全保障理事会はこれを受けて即座に四〇〇〇人の増員を決定さえしている。だから、自衛隊も撤退できない。国内法では逃げていいことになっているのに、自衛隊が一体化しているPKOは逃げない。だから今、自衛隊は板挟みになってるんですよ。現場の隊長の判断ではないし、そんな判断を現場に押し付けるのは酷です。

冨澤　おっしゃる通りだと思います。今回の安保法制で集団的自衛権の行使が容認されましたが、実際には日本に集団的自衛権というのはほとんどなく、正当防衛でやれということになっている。今回変更された法律のほとんどは、昔からある正当防衛権にかかわるものです。たとえば有名な自衛隊法の九五条（武器等の防護のための武器の使用）の主語は自衛隊ではなく、自衛官です。自分が撃たれそうになったり撃たれたりした時には、自衛官自身の判断で反撃してもいい。これは国内法で、正当防衛権として認められている。

そこに不備があることは明らかですから、本当はおっしゃるように、国が交戦権をきちんと認めるべきでしょう。そういう状況下において相手から敵だと認められた時は先制し、相手にたいして武力行使する。そのようにすべきだと思います。

伊勢崎　そうすると九条の問題になりますね。これからはどんどん交戦が必要になるから、いったん撤退させるべきです。そこには他の方法がある。国連ＰＫＯに参加するというのは、部隊を出すだけじゃないですから。

冨澤　だけど現在の国会は「とにかく正当防衛でやれ」ということで決めてしまった。それで実際にやってみたら、どういうことになるのか。過剰に正当防衛権を発揮して相手を殺してしまうのか、あるいは逆にこちらが損害を被るか。そういう問題が起こってから、改めて考え直さなければいけないだろうと思います。

伊勢崎　みんなで時代遅れのＰＫＯ参加五原則を運用してきたので、政局の争点にならないんですよ。野党は今、安保法制に反対するために「自衛隊を帰せ」と言っていますが、実はＰＫＯ参加五原則自体がおかしいのに、それには反対しない。そもそも南スーダンに自衛隊を送ったのは民進党（民主党）だからです。

この問題を、与党対野党の政局にする限り、自衛隊は帰って来られないのです。だから安保法制に反対するために「自衛隊は帰ってこい」と言わないでくれ、と僕は野党やリベラル勢力に訴えたいのです。このままでは、現場で事故が起きるのを待っているようなものです。

だからここは、まず野党が与党に歩み寄り、謀議をして、国会論戦にしないようにする。そして、現場の状況が小康状態になったら、機を逃さず一旦自衛隊を全撤退させる。そして、果たして、グローバル・コモンズ（global commons 国際公共財）の象徴である集団安全保障・ＰＫＯに自衛隊を部隊として出すことは必要なのか、それとも必要じゃないのか。必要ならば憲法を変え、自衛隊の地位を変えなければいけない。そういう根本的な決断を国民にさせなければいけません。

†集団的自衛権ではなく、集団安全保障がよいのか

冨澤　いま伊勢崎さんからお話があった「集団安全保障」についてもっと議論を深めたいと思います。

一八九〇（明治二三）年一一月二九日、日本最初の帝国議会で当時の首相・山県有朋が演説し、国防について次のようなことを言いました。我が国を守るというのであれば、我が国の領土・領海・国民・名誉も含めた主権線を守らねばならない。しかし主権だけ守ったのでは具合が悪いので、その他に利益線も守らねばならない。

では、利益線とは何か。当時は大陸からいろいろな資源を持ってきたわけですが、まず大陸そのものが利益線になる。たとえば満州も利益線ですし、その時に通路となる朝鮮半島も利益線です。我々は主権線に加えて、利益線も守らなければならない。なぜなら、利益線を守っていなければ国民は食っていけなくなるからです。

主権線・利益線というのは山県有朋が発見した言葉ではありません。彼がヨーロッパに留学した時、オーストリアにいたローレンツ・フォン・シュタインという法政治学者から習った言葉なんですね。

当時は満州や朝鮮半島、あるいは交通線、バッファーゾーン（Buffer Zone 緩衝地帯）を利益線と言ったわけですが、現在でもこれは存在します。たとえばシーレーンというのがあります。日本は中東からホルムズ海峡、インド洋、マラッカ海峡を経て台湾の南を通るシーレーンを使い、資源を運んでくるわけですが、これもある種の利益線なんですね。明治時代の利益線と違い、現在では各国が自力で利益線を確保する必要はありません。

利益線は世界共通のもので、シーレーンは日本のみならず中国、韓国、北朝鮮の利益線でもあります。あるいはロシア、アメリカの利益線でもある。今、日本にいるアメリカ軍はこれによって運ばれてくる石油を使っている。ですからこれは、みんなの利益線なんです。

これは日本だけで守る必要もないし、かといって中国だけに守ってもらうのでは困ります。だから、みんなで守ろうという考え方です。現在、アメリカは一生懸命「南シナ海もグローバル・コモンズだ」と主張していますが、中国は「あそこはグローバル・コモンズじゃなくて、俺の領土だ」と言っている。では、それを守るにはどうすればいいか。集団的自衛権で守るか、それとも集団安全保障で守るか。これはフィリピンのためだけでなく、みんなのためにやる。ですから当然みんなでタッグを組み、集団安全保障で守ることになる。

アメリカ海軍がリムパック（Rimpac）と呼ばれる環太平洋合同演習（Rim of the Pacific Exercise）を、一九七一年から四〇年以上にわたって行っています。アメリカは世界に向けてこの演習への参加を呼びかけているため、シーレーンに関連する国々はみんな参加しており、最近では中国も参加しています。中国はこれに参加するのが嫌なので、変な船を持ってきたりして嫌がらせをしていますけど、さすがの彼らも「それは俺の知ったことではないよ」と言えないので参加している。そういうことを続けていくことが、まさに集団安全保障です。

だからグローバル・コモンズ、日米安全保障条約というのは日本とアメリカだけでやっては駄目なんです。グローバル・コモンズにかんしては、小さい国も大きな国もすべてショー・ザ・フラッグで、「ここはお互いのために、みんなで一緒にやりましょう」という態度を示す。私は、そういう時代になったと考えています。

伊勢崎　それはまったくその通りですね。冨澤さんと僕で唯一異なるのは、中国の捉え方です。日本にとって、中国は脅威なのでしょう。でもそれは、多くのイスラム教徒社会にとってアメリカがそうであるのと同様に、スーパーパワーとしてです。

国際海洋作戦のさきがけとなったソマリア沖における海賊退治は国連決議に基づき、「みんなであのへんの治安を何とかしようじゃないか」ということで発動されました。日本は民主党政権の時、「邦人保護」のために自衛隊を派遣したことになっていますが、あれはグローバル・コモンズのためなのです。だから、中国もロシアも協力しているのです。こういうかたちで、東シナ海にもグローバル・コモンズができたらいいですね。おそらく今後は、その方向に行かざるを得ないだろうと思います。

日本は、そういったグローバル・コモンズの中での立ち位置を考えていかねばならない。冨澤さんは、そこをおっしゃっているんだろうと思います。日米の関係は大切かもしれないけど、中ロと日米で対立するようなマインドセットの領域は、国際的にどんどん少なくなっている。

†日本は中国とアメリカとどう関係を保つべきか

伊勢崎　それからもうひとつ、考えなきゃいけないのは、グローバル・コモンズそのものを脅かす世界共通の敵です。地球温暖化がそうですが、一番深刻なのがグローバル・テロリズムという問題です。

グローバル・テロリズムは、アメリカとNATOの問題と考えられがちですが、多民族国家である中国・ロシアにとっても共通の問題です。実は今、対テロ戦は、軍事的な勝利は無理で、なんとか「敵を減らす」ことをアメリカは模索しているのです。

今は、ISに気をとられがちですが、何と言っても、対テロ戦の元々の震源地はタリバン、アルカイダで、それらが巣食うパキスタン、アフガニスタンです。「敵を減らす」戦略で、アメリカが焦点を絞っているのがアフガニスタンのタリバンで、その交渉において、アメリカが誰よりも頼らなければならないのは中国なのです。アメリカ・中国・アフガン政府、パキスタン政府で、タリバンをこちら側につける交渉が行われている。

アメリカは、中国を頼らざるを得ない。それはなぜかというと、中国が、タリバンを裏でコントロールしていると言われるパキスタンの首根っこを握っているからです。パキスタンにとって中国は歴史的に〝ブレ〟のない最大支援国なのです。パキスタンは、既に中国の「陸の回路」です。シーレーンがなくても、中国はパキスタンを使って陸路でインド洋に出ることができて、アフリカ、中東の市場を制覇できている。

我々は超大国・中国の脅威の実態を冷静に見つめなければなりません。日本人は歴史的な経緯から感情が先にたつようですが、中国はもはやそういう存在ではない。中国がくしゃみしたら、アフリカ大陸が風邪を引く。そうすると、地球規模の人道的危機を誘発する。

中国に〝まとも〟な超大国になってもらうこと。これは、グローバル・コモンズに直結する問題です。日本はそういう観点を持ち、中国ともアメリカとも仲良くするというかたちで立ち位置を確保してほしい。しかし実際にはいまだに冷戦構造のマインドセットのままで、日米・中ソの対立軸に固執している。そういうのはもう時代遅れですから、やめたほうがいいです。

冨澤　それにはまったく同意ですね。軍事力だけ見ると、中国はまだまだアメリカの四分の一ぐらいの力しかない。ですからいくら習近平が大きなことを言っても、アメリカと中国が横綱相撲をやるようなことはないと思うんです。

さらに、今のアメリカはお金がなくなってきているから、金融でやっていくしかない。その場合、お金の集まる国を相手に金融をやらないと儲からないわけですから、もはや中国から離れられないんですね。ですから、アメリカと中国はまず喧嘩しないでしょう。中国からも仕掛けられないし、アメリカから仕掛けるような馬鹿なことはしないと思います。ただ、その中ではいろいろなことがあるでしょう。軍事力はまだアメリカのほうが強いですから、アメリカを中心として中国も含まれるさまざまなグループの中に日本もきちんと旗を立て、それなりに入っていくことが必要ではないかと思います。

アメリカとの関係は、弱ったといえども依然としてアメリカという国は強いので、慌ててアメリカを捨てて中国に走る必要もない。かといって「俺たちはアメリカにも中国にも頼らない」と言い、独立してやっていく力もまったくないので、両方と仲良くやっていくしかない。

†日本の平和と世界の平和

冨澤　最後に「日本人は、世界の平和と日本の平和のどちらが大事だと考えているか」という、一番大切なところで締めたいと思います。

日本は第二次大戦で非常に苦しい目に遭ったために、世界の平和・秩序なんていうものを考える余裕がありませんでした。世界で何があろうと、自分の国だけが平和であればいい。私たち日本国民が平和であればいい。これを一国平和主義と言います。

右の人も左の人も一国平和主義でやってきましたが、もはやそういう時代ではない。現在、世界はより狭くなり、先ほど述べたようにアメリカと中国も仲良くしなきゃいけない時代に入ってきています。そういうことを十分に承知したうえで、世界平和を実現するために協力していく。世界が平和になれば当然、日本も平和になる。そういう回路で考えていかなきゃいけない時代が来ています。

伊勢崎 そうですね。それに関連して、自衛隊の南スーダン派遣にかんして、護憲派の人たちが安倍政権に反対するために「自衛隊はすぐに帰ってこい」というシュプレヒコールをあげていますけど、これは非常に残念なことです。

じゃあ、南スーダンは放っておけばいいんですか？　これこそ、今言われた一国平和主義の最たるものです。ＰＫＯとは、国連が、かわいそうな加盟国をみんなで助けようということでやっている。実は、ＰＫＯとは、かつての僕のような文民派遣、そして武装しますが国連文民警察、そして、軍人しかできない非武装が原則の国連軍事監視団を含めた総体のことをいいます。これに何故か部隊派遣だけにこだわる日本の姿勢は、先進国としては非常に奇異だし（ＰＫＯの部隊派遣は、慣習的にある「国連償還金」という制度で外貨を稼ぎたい発展途上国、自国も被害を受けるため、より集団的自衛権の観点から真剣に戦闘してくれる周辺国、の役割になっている）、自衛隊派遣はこの観点からも根本的に考え直す必要があるのですが、だからと言って、日本が南スーダンを見捨てていいというわけではありません。

ここで、特に護憲派に考えてもらいたいことがあります。

南スーダンを含むアフリカのこの一帯は、すべて、原油、レアメタル、ダイヤモンドなどの資源国なのです。

内戦状態のこういう国から、資源がなぜか我々一般消費者の元に届くのです。密輸されたものに決まっています。この利権が内戦の原因なのです。

欧米では、こういうものを「紛争資源」「紛争レアメタル」「紛争ダイヤモンド」と呼んで、消費者の不買運動そして業界の自主規制が既に始まっています。内戦の原因となる地下資源をマーケットから排除する取り組みがなされているのです。アメリカでは、それをすでに法令化し、ＥＵでも同じ動きがあります。

日本はどうか。全く、悲劇的に、遅れているばかりでなく、日本のメディアは報道すらしません。メディアの責任か？　我々視聴者が、それに興味を示さないかぎり、営利企業であるメディアは報道しません。

日本は、「紛争資源」を無批判に消費する、数少ない先進国の一つになり下がってしまいました。日本国憲法の前文でいう「名誉ある地位を占め」よとは、こういうことなのでしょうか。

ただ、安倍政権に反対だから、安保法制に反対だから自衛隊撤退。でも撤退する代わりに何をするのか具体的な方策を提示することもない。平和を信奉する護憲派からそういう発言が聞かれるのは、非常に残念なことです。

†世界の本当の敵はなにか

伊勢崎　最後にアメリカの話もさせてください。今までは、アメリカの庇護の下にいることは、イコール、日本の安全保障になるということは言えたでしょうが、そのアメリカ自身が、太刀打ちできないような敵をつくってしまった。

世界最強の通常戦力であるアメリカ軍・NATOが勝てない相手をつくってしまっ

た。二〇〇一年の9・11以来、一三年というアメリカ建国史上最長の戦争にアメリカNATOを引きずり込み、二〇一四年末に軍事的勝利を諦めさせアフガニスタンから主力戦力を撤退させた「テロリスト」です。

対テロ戦の様相は、さらに拡大、複雑に、アメーバのように増殖し、アルカイダからIS、ナイジェリアのボコ・ハラム、フィリピンのアブ・サヤフなど、その地において歴史的にあった地元の不満分子の構造を取り込みながら、先進国でもホーム・グロウン・テロリズムとしてとりとめもなく派生している。これは、アメリカと通常戦力の積み上げで対抗するという話ではないのです。

そのテロリストの教条的な敵はアメリカであり、我々はそのアメリカを体内に置いている。その深刻さをもっと認識すべきでしょう。今までアメリカは我々の守護神であったわけですが、今後はアメリカが勝てない相手に、アメリカの代わりに狙われるリスクについても考えていかねばならない。もちろん「だからアメリカは出ていけ」ということではない。日本は中国・北朝鮮などいろいろな問題を抱えていますので。しかし、アメリカとの同盟構築において、同時にアメリカの代わりにテロリストに狙われることを国防上のリスクとして考えない日本の安全保障論を、僕は信じません。

冨澤　おっしゃる通りだと思います。最後にもうひとつだけ言っておきます。現在、世界の脅威とは何か。アメリカ・日本にとって中国・北朝鮮はもちろん脅威ではありますが、それ以上に脅威となるのは大量核兵器の拡散です。あともうひとつは国際テロ・ゲリラですね。日本はこの二つの問題にかんして協力していかねばならない。どのぐらいできるかわかりませんが、まずは核拡散をしないように協力していく。

では、テロ・ゲリラにはどう対応していくか。私はなぜ、集団安全保障でやれと言うのか。先ほど伊勢崎さんがおっしゃったように、集団安全保障においてはPKO・軍隊が出ることではなく、みんなで話し合うことが第一なんです。そこでどうしても駄目な時は、経済制裁をかける。それにたいして向こうが反発してきたら、軍隊でも太刀打ちできることを示す。それが集団安全保障の本質です。

集団安全保障と言えば、国連を思い出す方も多いでしょう。今のように、常任理事国が一ヵ国でも反対したら何もできないというのでは意味がないという人もいますが、今では有志連合というのがあります。有志連合というのは、集団的自衛権ではありません。どこそこの国を守るのではなく、世界の平和・秩序を守るために話し合いをして経済制裁をかけ、いざとなったら軍事力でも対応できるという姿勢を示す。それが集団安全保障ですから、有志連合もまた明らかに集団安全保障なんです。

日本語では国際連合と訳されますが、英語ではUnited Nationsと言います。また、中国ではこれを联合国（連合国）と言います。ということは、有志連合も連合国なんですね。集団安全保障というのを固く考えず、幅広く理解していく。アメリカが中心ではあるけれども、世界中の国々と仲良くしていくのが集団安全保障なんだということを、ぜひ理解していただきたいと思います。

（対談日　二〇一六年一〇月一一日）

第４章
本当の天皇の話をしよう
森 達也×白井 聡

白井聡（しらい・さとし）
1977年、東京都生まれ。京都精華大学人文学部専任講師。専門は政治学・社会思想。早稲田大学政治経済学部政治学科卒、一橋大学大学院社会学研究科博士課程単位修得退学。著書に『未完のレーニン』（講談社選書メチエ）、『増補新版「物質」の蜂起をめざして』（作品社）、『永続敗戦論』（太田出版）、『「戦後」の墓碑銘』（金曜日）、『戦後政治を終わらせる』（NHK出版新書）がある。

森達也（もり・たつや）
1956年広島県生まれ。映画監督、作家。明治大学情報コミュニケーション学部特任教授。98年、オウム真理教の現役信者を被写体とした自主制作ドキュメンタリー映画「A」を公開。2001年に続編「A2」が山形国際ドキュメンタリー映画祭で審査員特別賞・市民賞を受賞。11年著書『A3』で第33回講談社ノンフィクション賞を受賞。著書に『オカルト』『死刑』（KADOKAWA）、『アは「愛国」のア』（潮出版社）など多数。

†意外な二人が天皇について話す

白井　今日は森達也さんと憲法、特に天皇の話をすることになりました。実は私、森さんにお目にかかるのは初めてでありまして、どういう対話になるのか大変楽しみにしています。

森　なぜ「天皇」なのでしょう。半藤一利さんと保阪正康さんの対談と間違えて聞きに来た方がいるかもしれない（笑）。どちらがどちらかはさておき。

白井　そうですね。たしかにこの面子でこのテーマ設定としては意外かもしれません。まずは、私のほうから今考えていることをお話ししようと思っています。その前に、今回、なぜ森さんは私と天皇制の話をしようと思いつかれたのか。そこのところを少しお聞きしたいんですけど。

森　正確に言えば、僕が思いついたわけではないのですが。……実は来年、天皇がらみで何かやりますというのがあり、それを知っている人がこのテーマを発案したのだろうと思います。……天皇がらみで何かやりますって、何なんだろうと自分でも思うけれど、今の段階ではこれ以上は言えなくて。

白井　「自分が天皇になります」とか(笑)。

森　即位宣言。なるほど。それはありかも。まあとにかく、あまり深く考えずに「いいですよ」と返事してしまったので、数日前から少し焦っています。

白井　なるほど。

†国体は生き残ったのか?

白井　私がこれまで書いてきた本の中で部数の面で一番成功を収めたのは『永続敗戦論——戦後日本の核心』(太田出版、二〇一三年)です。この本は三章立てで、第三章のタイトルは「戦後の「国体」としての永続敗戦」です。結局、あの敗戦によって国体というものは生き残ったのか、それとも生き残れなかったのか。この問題は現代日本史の謎として、ずっと存在しているのではないかと私は思っています。

歴史的経緯から見てみると、当時の日本政府がポツダム宣言を受諾する際、「やはり国体を護持できないと困る」ということで延々とその条件にこだわった。その結果戦争は長引き、原爆を二発落とされて大変な犠牲を出すわけです。日本政府は連合国との最終的なやりとりの中で「国体はどうにか護持できるのではないか」という希望的観測を持ち、ポツダム宣言を受け入れることになった。軍の中には「この条件では国体護持がしっかり確定されているとは言えない」と主張し、最後まで本土決戦にこだわった人たちもいて、宮城事件などを起こしましたが、何とかそのような勢力を抑えきり、終戦を迎えました。

では果たして、国体は本当に護持されたのか。これにかんしてはさまざまな論争が続けられてきましたが、私は「これは一種のフルモデルチェンジである」という結論を得ました。狭く言えば、国体とは天皇制である。天皇制という概念は非常に広いんですが、ミニマムに考えればこれは「天皇という存在がいる状態」である。形式的であれ実質的であれ、天皇が君主として君臨している。この定義から見れば、天皇は居続けたので国体は護持されたといえるわけですが、国体という言葉ないし概念にはもう少し広い意味があるはずです。

たとえば、外国人に「あなたがたが言う国体って何ですか?」と聞かれた場合、単に「天皇がいるということ」とだけ答えて十分な答えになるでしょうか。おそらくは、「国の基本的なあり方を指す言葉です」と説明するのが一番適切だと思うんです。そして、国体とはトータルな意味での体制であるならば、日本の国体は護持されたとは言えない。あれだけの大きな戦争に敗北して長い間占領され、国家改造が実行されたわけですから、戦前と同じ体制のままということはあり得ない。そもそも戦後に旧枢軸国が国際社会に復帰するにあたっては、世界に向けて「あの時のわれわれとは違った国になりました」という態度を表明しなければならなかった。たとえば、戦後のドイツが、「われわれの国家はナチス第三帝国の体制と基本的に変わらない」と表明するなんていうことはあり得なかった。もしそうであれば、戦後国際社会に復帰することはできない。

日本も国際的にそういう約束をして復帰しているわけですから、明らかに国体は変わっているはずなんです。ところがその一方で、廃位も退位もなかったことに象徴されるように、国体の連続性というものも確かにある。続いているようで続いていない、続いていないようで続いている。このような国体の不明瞭性にたいして、戦後の議論はいろんなかたちで取り組んできました。基本的に、革新派は天皇制批判を行ない、保守派は天皇制擁護をやってきた。これらの議論による成果は多数あります。けれども、これらの議論のほとんどが見落としてきたきわめて重大な要素があるのではないか。それは「アメリカ」というファクターです。

アメリカという項目があったことにより、国体はフルモデルチェンジしながら生き残ったといえます。簡潔に言えば天皇の上にワシントンが載っかっているようなかたちで、戦後の日本国の体制は形成されるに至った。これによって戦後の復興から高度経済成長を経て、経済大国化するわけですから、その体制はある面ではとてもうまくいったわけです。

しかしながら冷戦崩壊以降、東西対立が終わってからはその体制では立ち行かなくなってきた。つまりそこかしこで、日本の国体はてっぺんにアメリカを頂いているということのリアリティーが染み出すようになってきたわけです。私はそれが現状なのではないかと推測し、『永続敗戦論』の第三章に「戦後の「国体」としての永続敗戦」というタイトルを付けました。この論点については今準備している本でさらに展開していこうと思っています。

†生前退位問題をどうみるか

白井　二〇一六年七月に生前退位の問題が出てきました。参院選の直後、八月八日にNHKを通じて天皇からその意向が公表されました。そこでは天皇が自らテレビカメラの前で話し、メッセージを伝えたわけです。

『週刊新潮』が二〇一六年八月二五日号で、いろいろな人に原稿を依頼し、「天皇陛下の「お言葉」を私はかく聞いた！」という特集を組みました。私にもその原稿の依頼が来たので、次のようなことを書きました。

これは象徴天皇制の危機にたいする今上天皇の反応である。みんな、戦後の天皇制については知ったつもりでいるけれども、象徴天皇制とは何かということについては実はあまり考えてこなかったのではないか。象徴天皇制においては、大日本帝国とは違うかたちで政治的権限が規定されている。天皇が政治的実権を明確なかたちで剝奪されているのが象徴天皇制であり、だからこそ戦後日本は民主主義体制になった。それが標準的な常識です。

では、今の安倍政権では何が起きているか。安倍さんおよび安倍さんによって代表される勢力の基本エートスは、戦後民主主義にたいする憎悪です。彼らは、これが気に食わなくてしょうがない。戦後民主主義の中核にあるのが憲法であるから、これにたいする強い憎悪の念を持っているわけです。安倍さんの「とにかく改憲したい」という気持ちだけは本物です。

彼は、できれば、戦後憲法を否定するのみならず、戦後民主主義体制そのものを否定するというところまで行きたい。安倍さんは第一次政権の時に、すでに教育基本法の改正などをやっていますから、部分的にはそれにかなり成功している。彼はその総仕上げとして憲法を変えたいと考えているわけですが、そうすると象徴天皇制はどうなるのか。戦後民主主義と象徴天皇制がワンセットであるならば、戦後民主主義が危機に陥り破壊されるということは同時に、象徴天皇制が危機に陥り破壊されることを意味するはずです。たぶん今上天皇は、そのことを重く受け止めているのではないかと思うんです。

テレビ放送された「お言葉」の中で非常に印象的だったのは、とにかく象徴という言葉が何度も何度も使われたことです。「象徴としての役割を果たす」というような表現が、度々出てきた。先ほども言ったように、そこで私は虚を突かれたわけです。実のところ、我々は象徴天皇制について何も考えていなかったのではないか。象徴とされる運命を背負った人は、ひたすらそれを考え続けてきたのだろう。「お言葉」からは、そういう姿勢がうかがわれました。

今上天皇は「象徴天皇制はいいものだ。今後もこのシステムを滞りなく続けていくには、自分は年を取りすぎたのでやめなければならない」と言っている。ここには加齢という自然的な問題がありますが、それと同時に、戦後民主主義レジームが極めて深刻な状態にあるという危機感が見えました。おそらく天皇は退位することによって、象徴天皇制を再活性化させ、それによって間接的に戦後民主主義を救い出そうとしているのではないでしょうか。

†「天皇は国民統合の象徴である」

白井　現在の日本はまさに危機に瀕している。これは戦後民主主義の危機であると同時に国民統合の危機です。その兆候はいろいろなところで現れている。たとえば貧困格差の問題もそうですし、沖縄問題もそうです。「新基地は嫌だ」という意思表示があれだけ繰り返しなされているにもかかわらず、国は基地建設を強行しようとしている。このまま行けば沖縄の独立運動も現実味を帯びてくると思うのですが、今の政府はそれにたいして真摯に取り組もうとしていない。さらには三・一一以降、国民はぱっくりと分裂し、溝はますます深まる一方です。国民が統合されていないという状況が如実に現れてきている。

もし国民が統合されていないとすれば、象徴とはいったい何なのか。憲法には「天皇は国民の象徴である」とは書いていない。そうではなく「天皇は国民統合の象徴である」と書いてあるんですね。国民が何らかの意味で統合されていないのであれば、その象徴たる天皇は存在し得ない。天皇のお言葉には、それにたいする警告を発するという意図もあるのではないか。

とりあえず今、私が考えていることはそんな感じです。ここで森さんにバトンタッチして、感想などをうかがえればと思います。

森　お聞きしながら、いろいろと考えていたんですけど、まず国体の話をします。国体とは何か。保守思想の人は国柄と訳す場合が多いけれど、ならば国柄とは何か。人柄がその人の性格・キャラクターだとすると、国柄というのは国のキャラクターになる。決してシステムや概要ではない。あるいはキャラクターという言葉よりも、それこそエートスに近いのかもしれない。かつては国体イコール天皇制だったわけですが、今であれば何だろう。やはりデモクラシーなのかな。もちろん建前としては、戦後も国体は護持されたことになっていますが、一九四五年以前の天皇制とそれ以降の天皇制では全然違います。

では、国体として何が護持されているのか。天皇制というシステムはずいぶん様変わりしているけれども、天皇家の血脈は残されている。先ほど白井さんもおっしゃったように、変わったようで変わってない。つながっているようでつながってない。白井さんの『永続敗戦論』にも書かれていますが、日本では相反するもの同士が何ら矛盾することなく、ずっと共存してきた。これを許容するというよりも、それらが相反することに気づかず無自覚であるとのキャラクターが透けて見えます。

たとえば国体は護持されてないのに護持されているとか、民主主義ではないのに民主主義であるとか、従属しているのに自立しているとか。とにかくいろんな矛盾があるわけですが、それがきちんと意識化されないまま戦後七〇年が過ぎてしまった。僕はそれがレジームであると解釈してるんですが、国体の問題というのはその端的な表れなのだろうと思います。

あと象徴についてですが、これは国民統合という言葉をどう解釈するかによると思います。統合という言葉の中には、もちろん国民一人ひとりが含まれる。つまり天皇は僕の、あるいはあなたの象徴でもある。でもならば、ここで象徴という言葉を使うことに、決定的な無理がある。

象徴は本来、異質なものが異質なものをメタファーとして暗喩するときに使う言葉です。たとえば鳩は、誰もが知るように平和の象徴です。鳩と平和は属性がまったく異質だから、象徴として機能できる。つまり、鳩は雀やカラスの象徴にはなり得ない。

一九四六年一月一日に昭和天皇は、自分は人間であると宣言した。同時に象徴天皇制が始まった。この矛盾に対してこの国は、ずっとナイーブすぎたと思います。象徴天皇制を採用するのであれば、人間宣言するべきではなかった。現人神のままでいれば象徴になり得たわけですが、人間ならば象徴にはなりえない。しかも戦後の天皇は、実は人間以下です。なぜなら憲法が規定する人権が保障されていない。選挙権もなければ職業や居住地を選択する自由すらない。だから穿って考えれば、象徴天皇制を機能させるために、天皇を普通の人間以下の存在に押し下げたとの見方もできるわけです。

いずれにせよ、(人でありながら人であることを否定する)現人神も(人権のない)人間天皇も、どちらもフィクションです。一つのフィクションから別のフィクションへ。これが戦後天皇制のスタートです。まさしく最初から、決定的な矛盾を裡に孕みながら始まったわけですね。

大日本帝国憲法下において、天皇は陸海空軍を総攬する最高主権者だった。それが戦後になると、一気に人権もない存在にまで成り果ててしまう。それにもかかわらず「国体とは天皇制であり、これは護持されている」と言う。本当にいろんな意味でねじれにねじれながら、二転三転四転五転しながらそれが何となく成り立ってきた。

普通の国の感覚や理性であれば「これはおかしいよ」「ここには矛盾があるよ」「ここはこういうふうに直そうよ」という声が出てくるんでしょうけど、日本ではそういうことがなかった。その理由のひとつはいわゆる菊のタブー、天皇タブーがあって、なかなか自由に言論できないという事情です。とにかく、こうして、戦後天皇制は七〇年以上が過ぎて、これからも続くのでしょう。

†父親に対する思い

森　今の天皇が生前退位をいきなり口にしたことについて、もしかしたら彼には、「父親はなぜ退位しなかったのか」という思いがあるのではないかと、僕は時おり考えます。敗戦が決定したとき、兵士も含めて三〇〇万人以上の国民が自分の名前を呼びながら死んでいったことについて、自害はしないまでも、退位ぐらいするべきではなかったのか。彼は父親に対して、ずっとそういう意識を持っていたのではないかと。

一九七五年に昭和天皇は、戦争責任についての質問に対して「そういう言葉のアヤについては、私はそういう文学方面はあまり研究もしてないので、よくわかりませんから、そういう問題についてはお答えができかねます」と答えています。ちなみにこのときは、広島・長崎についても質問されて、「原子爆弾が投下されたことに対しては遺憾には思ってますが、こういう戦争中であることですから、広島市民に対しては気の毒であるが、やむを得ないことと私は思ってます」とも答えています。いくらなんでも言葉のアヤはないだろうと誰もが思うはずです。今の天皇は、父親のこうした発言を聞きながら、内心は何を思われていただろうと僕は考えます。少なくとも是認する心境ではないはずです。

白井　昭和天皇の退位問題は何度も反芻するようにして考察されなければならない事柄だと思います。戦後間もない頃、退位論というのは非常に多かった。国内外で「天皇裕仁を引きずり出せ」という声がありましたし、天皇制存続において最も重大な役割を果たしたジョセフ・グルー（知日派外交官、日米開戦時の駐日米大使）ですらも、「退位は避けられないだろう」と考えていました。日本側の保守支配層の中にも「まったく責任を問わないのでは示しが付かんだろう」と考える人たちがいました。

森　三島由紀夫もそういう考えでしたね。

白井　三島はその究極でしょう。たとえば中曽根康弘もまだ若かった頃、天皇に直に「退位すべきだ」と進言したそうです。

では、昭和天皇自身はどう思っていたか。一説によると、彼は退位したいとある時期には真剣に思っていたようです。実際に、何度も退位したいという意向を示していた。最も有力なタイミングとしては一九五一年九月八日にサンフランシスコ講和条約に調印し、一応占領が終了する節目でやめたいと。しかし結局、周囲――そこにはアメリカの関係者も含まれます――のさまざまな思惑によって退位することは叶わず、位に留まり続けるわけです。

二〇一五年から『昭和天皇実録』（東京書籍）が出ていますが、原武史さんが『「昭和天皇実録」を読む』（岩波新書、二〇一五年）で次のようなことを書いています。

「実録」を見ると、天皇一九六七年四月五日、侍従長の稲田周一に対して、「占領期の退位問題について御回顧」になり、「御退位の意志がなかった理由として、退位による混乱の発生が予測されたこと、摂政候補者の宣仁親王が軍人であったこと、マッカーサー元帥から退位しないでほしいとの極秘の希望があったことの三点をお挙げになる」と記しております（同日条）。翌六八年一月三一日条には、稲田に、「占領期の退位問題について、自身の話を筆記して残してはどうかと仰せられる」とあります。また四月二四日にはふたたび稲田に、「御退位の意思がなかった理由として、明治天皇が天皇は退位できないとお考えになっていたことに鑑み、祖先から受け継いだこの国を子孫に伝えることが自分の任務であり、苦難を堪えて日本再建に尽くす方が国家に忠を尽くすことになると考えたこと、もし退位すれば混乱が予想されたこと、戦時中の役目から公職追放になる身にもかかわらず摂生就任を予期して動きをみせた皇族がいたこと、また東京裁判の頃にマッカーサー元帥に退位しない旨を伝えた経緯から、その後退位すると言っては信義にもとると考えたこと」（同日条）を伝えており、五月二二日には、四月二四日の発言を稲田が筆記した内容に自ら修正を加えています。

原さんが指摘しているように、非常に興味深いことには、一九六七年から六八年にかけて天皇サイドは、かつて退位しようと思っていたという事実・歴史を消し始める。これは一種の歴史修正主義ですね。後になって「そんなことは一度も思ったことはない」というように、歴史を改竄してしまう。

これはまさに、私が戦後日本の本質を理解するためのキー概念として提唱している「敗戦の否認」です。敗戦の痛手から立ち直り、経済大国への道をまっしぐらに進んでいこうとする時、天皇が退位を考えたという事実そのものを消去していく。

森　天皇自ら、そういう事実を消去するという意思を持っていたということですか？

白井　『実録』にそう書いてあるわけではありませんが、おそらくそういうことなんだろうと思います。いろいろな証拠を突き合わせていくと、ある時点から天皇サイドが退位を考えたという事実を消去していったことがうかがえると思われます。

†昭和と平成という時代の違い

白井　今上天皇の父上にたいする感情はかなり複雑だと思いますが、それについては推測するしかない。おそらくは、良いところも悪いところも、弱い部分も強い部分も見てきたのでしょう。今上天皇が退位の意向を表明された時、天皇が退位すれば平成が終わるということに思い至った人は意外と少なかったように思われます。

これは私の勝手な推測ですが、今上天皇は平成時代に幕を引きたいと思っているのではないか。昭和天皇はある意味では、とてもいい時に亡くなったんですよね。乱暴に言っちゃうと、昭和天皇の前半生は波乱万丈だった。彼は国難の時代、大戦争へと突き進んでいくことを止められず、いったん国を滅ぼしてしまった。自分もひょっとすると、首をくくられるかもしれないというところまで行ってしまう。

戦後はアメリカの傘の下に入ることによってアメリカの力をうまく使い、国を復興させることに成功した。八〇年代、そのような戦後対米従属レジームが絶頂を迎える。その頃、日本はいわゆるバブル景気に沸いていたわけですが、絶頂というのは没落の始まりでもあります。

当時、アメリカでは盛んに日本脅威論が叫ばれていた。エンパイアステートビルをはじめとするアメリカの不動産をジャパンマネーが席巻し、買い取っていく。アメリカ人はそれによってひどくプライドを傷つけられるわけです。そして自動車産業も、日本車に押されて虫の息だった。

昭和天皇はそのような状況を見届け、一九八九年一月七日に亡くなる。これは要するに「日本はアメリカにこっぴどい敗北を喫したけれども、逆に今度はデトロイトを焼け野原にしてやったわい」ということなんですね（笑）。彼はアメリカにある意味で復讐を果たし、その結果を見届けた時点で亡くなった。

私は、日本の戦後は実質的には一九九〇年前後に終わったと見ています。戦後はとうに終わっているにもかかわらず、それをずるずるだらだら引きずっているものですから、いまだに首相が「戦後レジームからの脱却」などと言わなければならない。でも、まさに戦後レジームの中心にいる、まさにその申し子であるからこそ権力を獲得できた人物が、本当の意味で既存のレジームを否定するなどできるわけがないので、実際のところは、戦後レジームの無限延長をやろうとしている。そんな状態にあります。

バブル経済の崩壊により、永久に続くかと思われていた経済成長が終わった。そしてソ連崩壊により東西対立が終わりを迎え、アメリカが日本を庇護する根本的動機となっていた地政学的条件が無化した。ちょうどその頃、これは本当にたまたまですけど昭和天皇が世を去った。その瞬間から平成の時代が始まり、今日に至るわけです。

　後世の歴史家たちはおそらく、平成の時代を「極めて愚かな時代だった」と総括するでしょう。今申し上げたように九〇年代前後、戦後の平和と繁栄を支えた前提条件が無化した状況に対応をしていかねばならない。そういう時代として平成が始まったにもかかわらず、しかるべき対応ができないまま、ずるずるだらだら戦後レジームが無限延長されてきた。だからこそ「失われた二〇年」とか「失われた二五年」などと言われているわけです。

　こういうわけで平成というのは駄目な時代だから、自らの手で幕引きを図りたい。今上天皇にはそのような意識・意図があるのではないかと思うんですが、森さんはどう思われますか？

森　平成が愚かな時代とのレトリックについては、指針を失ったという意味では、まったくその通りだと思います。ただそこで幕を引いちゃうと、愚かな時代の天皇ということになってしまう。あるいはひょっとしたら、元号を刷新することで時代の潮流を変える効果が生まれるかもと考えたのか……まあたぶん考えすぎですね。

白井　天皇・皇后夫妻は、この駄目で愚かな時代において大変頑張られたと思うんです。天皇制というシステムの是非とは別の次元で、私は天皇・皇后夫妻には人間・個人として敬意を持っています。彼らは自分たちがすべきことを深く考え、粉骨砕身の努力をしてきた。ですから後々「貧しき時代において、孤軍奮闘した大変偉い君主だった」と言われるのではないかと思うんですけど。

森　なるほど。ここで幕を引けば「駄目で愚かな時代において、孤軍奮闘で頑張ってきた天皇」という位置づけになる。でもそうすると、次の天皇が大変ですよね。ここで平成から次の時代に変わったとしても、社会がドラスティックに変化するとは思えない。下手をすれば対米従属レジームをさらに延長しようとする安倍政権のままで次の天皇になるわけですから、より劣悪で愚かな時代になるかもしれない。今上天皇はそのような時代にあえて、息子に皇位を継がせようと考えていることになる。

白井　そういうことになりますよね。でも「息子は頑張ってくれるのに違いない」という確信があって、生前退位を申し出たのではないかと思いますけど。

森　天皇制について、天皇本人はどう考えておられるのか。天皇の性格についてなど、いろいろなことを考えたくもなるけど、一番大事なのはそこですね。

†天皇は身近な存在

白井　ちょっと余談めいたことをお話しします。私は今、京都の上賀茂神社のすぐ近くに住んでいます。つい最近、天皇が京都にいらっしゃったんですが、事前にどこからともなく「上賀茂神社に来るらしいよ」という噂が入ってくるんですよ。妻が親子でたまに行ってるヨガ教室で聞いてきたんです。

京都には定期的に来てると思うんですけど、上賀茂神社にはそんなに来ていないらしいです。これは式年遷宮と関係していて、神道の行事をやるためだったそうです。私は「天皇陛下が来るらしいよ」と聞いて、思わず次の瞬間に「えっ、そうなの？それはぜひ見に行かなきゃ！」と言ってしまったんですが、そうしたら妻に「あなたって意外とミーハーね」と笑われてしまいました。残念ながら天皇陛下が来る日と私が東京に出張しなければならない日がバッティングしておりまして、見られずじまいだったんですけど。
その日妻が天皇が帰った後に上賀茂神社に行ってみたら、そこにいる人たちがみんな小さな日章旗を持っていたそうです。天皇の行き先は基本的に非公表なんですが、目的地の周辺ではぼんやりと「来るらしいよ」という噂が広まる。そしてこれもよくわからないんですけど、誰かが日章旗を配ってるんですね（笑）。この「いつの間にか、なんとなく」というのが天皇制の本質なのかな、と思ったりもします。
森 少し前の話ですが、あの日章旗は日本会議がつくっていたらしいですね。もちろん発注して業者がつくってるんですけど、その費用を出しているのは日本会議らしくて。今はわかりませんが。
白井 なるほど。ただ、天皇の行く先々で沿道の人たちに旗を配るという習慣は、日本会議ができる前からありますよね。
森 昔から神道系の団体がつくっていて、それを日本会議が引き継いだのかもしれません。そういえば一一月、天皇皇后両陛下が長野に行き、下伊那郡阿智村にある満蒙開拓平和記念館を見学したそうですね。ご存知ですか？

白井 いや、ちょっと小耳に挟んだぐらいです。

森 これについては、ほとんど報じられていないんです。満蒙開拓団は一九三〇年代に天皇の命を受けて満州へ開拓に行ったわけですが、そこでは長野県出身の人が一番多かった。彼らのほとんどは国に見捨てられ、彼の地で殺されるか、あるいは捕虜になったのちに殺害された。長野にはそういう運命をたどった人たちの資料館があります。ここに公務ではなくプライベートで見学した。これについては『東京新聞』『朝日新聞』が小さな記事にしただけです。

†直訴の系譜

森 また、二〇一四年五月、天皇皇后両陛下は私的旅行で群馬県と栃木県を訪れ、佐野市の博物館で田中正造が明治天皇に宛てた直訴状を閲覧したこともありました。公には、明治天皇はあの直訴状を読んでいないことになっている。もちろん大正天皇と昭和天皇も読んでない。ならば歴代天皇で、初めて田中正造の直訴状を読んだということになる。これは歴史的に大変なことです。しかし、各新聞はそれについて、非常にさらっと触れているだけでした。

白井　私は『「戦後」の墓碑銘』(金曜日、二〇一五年)という本の中で、そのことについて書きました(同名のコラムを『週刊金曜日』に連載していた)。これには次の文脈があるような気がしています。

二〇一三年一〇月、山本太郎参議院議員のいわゆる直訴事件がありました。山本太郎氏は秋の園遊会に呼ばれた際、天皇に原発問題の現状について訴えた手紙を差し上げた。これが大変物議を醸すことになったわけです。

それから数カ月後に、天皇皇后両陛下は栃木県に行っている。私はたまたま、テレビニュースでそのことを知りました。「天皇ご夫妻は私的な旅行で、佐野市においでになりました」というニュースが流れてきた時、「えっ?」と思ったんです。なんで栃木に行くんだろうと。

森　そうか。あれは山本議員の直訴の後なんですね。

白井　そうなんです。その時渡良瀬遊水地にも行っていますから、旅行全体が山本太郎さんの行動へのレスポンスだと見るべきでしょう。佐野市郷土博物館に田中正造の直訴状が所蔵されているんですけど、普段これは展示していない。天皇ご夫妻は、わざわざそれを出してもらったわけです。それから、歴史の教科書には「田中正造直訴事件」と書かれていますが、正確に言うとあれは直訴未遂事件なんですね。一九〇一年一二月一〇日、田中正造は直訴状を渡す前に捕えられ、直訴状そのものは没収された。ただ、それが非常にスペクタルなこととして報じられたため、結果としては足尾鉱毒事件に社会的な関心が集まることになった。ですから森さんがおっしゃったように、栃木では大変なことが起きたんですよ。一〇〇年以上の時を隔てて、ついに明治天皇には届かなかった手紙をわざわざ受け取りに行ったわけですから。

さらに深掘りすれば、あの直訴状の原案をつくったのは後に大逆事件で処刑される幸徳秋水です。幸徳秋水が原案をつくり、田中正造が修正を入れたりしながら最終的なかたちにした。何といっても幸徳秋水は、明治レジームが自らの不倶戴天の敵とみなし、最後には抹殺した存在です。天皇ご夫妻は明治レジームにとって最悪の敵が書いた手紙をわざわざ読みに行ったといえるのではないでしょうか。

†「溺れる者は天皇を摑む」

白井　さらにさかのぼると、二〇〇四年に日の丸・君が代強制問題にかんして、園遊会に呼ばれた棋士・東京都教育委員会委員の米長邦雄が「日本中の学校で国旗を揭げ、国歌を斉唱させることが私の仕事でございます」と言ったのにたいして、天皇は「やはり、強制になるというものではないのが望ましい」とたしなめた。言葉遣いは穏やかですけど、かなりはっきり言ったわけですね。

森　あのあたりが最初のほうで、それからどんどん加速してきた感じですね。

白井　そうですね。今上天皇は基本的にリベラルな考えを持っていて、戦後民主主義の総体を尊重している。そのことははっきりしていて、憲法尊重の決意を繰り返し表明しているところにも表れています。だから、安倍政権の改憲への執念や戦後民主主義への破壊行為に対して、天皇が最後の砦となっているということもしばしば語られますが、こういう見方について森さんはどう思われますか？

森　心情的にはよくわかるんですが、そこで持ちこたえることができずに踏み込んでしまい、「天皇に期待する」みたいなことを言ってしまうことがしばしばある。今の天皇の人柄は素晴らしいとは僕も感じています。もちろん本当のところはわからないけれど、言葉や表情の端々に、高潔と思わず形容したくなるようなニュアンスが明らかに滲んでいます。でも代替わりするのが天皇制ですから、そこのところはきちんと抑制しなければいけないと思います。まあ、貧すれば鈍するという言葉が一番ぴったり来るかな。特に日本のリベラルは今、まさしく貧してしまっているので、天皇は「溺れる者は藁をもつかむ」という存在になってしまっている。

白井　同感です。「天皇に期待する」みたいな言い方も何かおかしいと思うんですよね。戦後民主主義の最終的な守り手は天皇なのかもしれないという現実があることもたしかですが、それを前面に出すと天皇利用主義に行くしかなくなる。

明治維新の当時、長州の革命家たちは、次のような自覚を持っていた。天皇というのは玉《ぎょく》であり、これを取るかどうかで日本の天下が決まる。天皇自身の意向など、どうでもいい。彼らの腹の括り具合はさすがであって、倒幕と新政府の樹立という政治目標のために天皇の権威を徹底的に利用しようと考え、実行した。そこには尊王精神なんてないわけで、非常に露骨なマキャベリズムがあるだけです。敬うフリをした徹底利用です。同じように、「民主主義の守り手として天皇を利用できる」と言うのであれば、それはマキャベリスティックに利用するということでしょう。そして今進行中の戦後民主主義の破壊とは、戦後のある意味での結末であると同時に、明治維新からの帰結でもあります。なぜなら、丸山眞男的な歴史観に従えば、明治レジームが最初から含み持っていた歪みのようなもの――それが大東亜戦争において「全面開花」してしまうわけですが――を戦後民主主義がついに矯正することに失敗して、現在に至ったと見ることができるからです。そういうわけで、この危機の中心にいる人物が長州の末裔であることは、理に適っているわけです。長州人がつくり上げた明治―戦後レジームをどんな犠牲を払っても絶対に守り抜くぞ、というわけです。こう見たときに、リベラルや左派を自認して安倍政権を批判している人々が、そんなに敵と似たことをやっていいのかという疑問が出てくるわけです。

他方で、「天皇に期待する」なんて口が裂けても言ってはいけないんだと考えるリベラル・左派もいる。私は今回のことにかんして、そういう立場からの標準的な批判をいくつか目にしました。いわく、今回の意向表明は憲法違反である。天皇は生前退位の意向を表明することにより皇室典範を変えること、つまり立法を命じているが、戦後の天皇制においてこのような政治的要求は禁じられている、と。これはたしかに正論なんですが、憲法尊重を何度も宣言してきたご本人がそんなこともわからずにあのようなことを言ったとは思えない。一般論として、ある秩序の全体を守るためには、そこでの個別の決まり事を破らざるを得ない場合がある。この場合、戦後民主主義のルール全体が危機に瀕している。これを守るためには、個別的なルールを破らざるを得ない。おそらくそういう決断だろうと思います。実はこれは定義的には、主権者の決断です。「例外状況、つまり危機に関して決断する者」(カール・シュミット)が主権者なのですから。

それでは、天皇は主権者として振る舞ったのだろうか。それに関係のあることで、玉音放送に似ているという批判・コメントもいくつか目にしました。玉音放送は「爾臣民其レ克ク朕カ意ヲ体セヨ」という言葉で締めくくられますが、今回のお言葉も「国民の理解を得られることを、切に願っています」という言葉で締めくくられている。いずれも「私の気持ちを理解し、実現するようにしてください」ということだから似てると言えなくもないんですが、それも形式的な批判だと思います。

†菊のタブーの罪

白井　今回の「お言葉」で、天皇は次のようなことを言っているのではないでしょうか。「私は象徴天皇制、つまり天皇が国民統合の象徴として存在するとはこういうことなのではないかと考え、行動してきた。皆さんはどう思いますか？　考えてくださいね」と。少なくとも私自身は「言われてみると今まで、象徴天皇制についてよく考えてこなかったな。そもそもそれって何だっけ？」と考えさせられた。あの「お言葉」は、そう考えるきっかけになったわけです。その意味で、主権者として臣民に命令した玉音放送とは違う。ですから今回のお言葉は、解釈に開かれている。あれは「皆さん、天皇制について考えてくださいね」という呼びかけとして読み取ることも十分可能な言説だった。では私たちのスタンスとして、その呼び掛けにどう応えればいいのか。森さんはその点について、どうお考えですか？

森　今まさしく白井さんが言及したように、天皇という存在は、歴史を通じて政治的に利用されてきた。その理由のひとつは、彼のキャラクターがよくわからないということです。つまり、実際に肉声を聞いた人がほとんどいないという状況がある。それだけ雲の上の存在であるからこそ、社会において権威を保つことができた。ただし今は、平安時代や江戸時代と違ってマスメディアが機能しているし言論や表現の自由もあるわけですから、もっとリアルで多面的な天皇像が表出されてもいいはずなのに、いまだにほとんど変わっていない。なぜならば、菊のタブーがあるからです。

オウム真理教を扱った『A』（一九九七年）という映画を撮る少し前、僕は共同テレビジョンという番組制作会社に所属していました。共同テレビジョンは日曜の朝にフジテレビで放送されている『皇室ご一家』を撮っていて、僕のデスクのすぐ隣がそのチームだった。そこには、番組専用のロッカーがあって、未公開の映像がたくさんあったんですけど、二重三重のロックがかけてありました。つまり撮影素材です。オンエアで使っていない映像がたくさんある。そのチームの人に「これどうするの？捨てるの？」って聞いたら「捨てられるわけがないじゃない！」って言われて。それで「じゃあ見ていい?」って聞いたら「いや、見せられない」って(笑)。

白井 いやぁ、それは面白いですね。見られないが捨てることもできないテープって、まさに天皇・皇族の本質の表現でしょう。

森 「じゃあ何のためにあるの?」って聞いたら、「誰もわからない」って(笑)。捨てるに捨てられないんだけど、見るわけにもいかない。とにかく、NGカットは相当あるらしいです。年末に「皇室NGカット集」っていう番組を放送したら、かなり視聴率が取れるんじゃないかと思うけど(笑)。そんなこともあってかねがね、皇室にたいするメディアのあり方はこのままでいいのかなと疑問に思っていたわけです。

先ほど、昭和天皇の戦争責任についての言葉を紹介したけれど、あの言葉を引き出したのは、記者の「ホワイトハウスにおける「私が深く悲しみとするあの戦争」というご発言がございましたが、このことは、陛下が開戦を含めて、戦争そのものに対して責任を感じておられるという意味と解してよろしゅうございますか。また、いわゆる戦争責任について、どのようにお考えになっておられますか」との質問です。記者が天皇本人に戦争責任について質問する。今では絶対に考えられない。つまり菊のタブーは、時代とともにより強固になっています。

†天皇のドキュメンタリーは可能か

森 フジテレビで深夜、今でも不定期に放送されている『NONFIX』というドキュメンタリー番組があります。この番組では僕や是枝さんなどが作品を発表していたんですが、フジテレビからディレクターのOBを集めてスペシャル番組を放送したいという話があって、二〇〇四年の夏にみんなで集まったんです。

ドキュメンタリー・ジャパン、テレコムスタッフ、スローハンドなどといった制作会社や、是枝裕和や僕などで何度か集まっていろいろと相談したんですが、憲法をテーマとして番組をつくることを提案しました。当時、第二次小泉改造内閣のもとで自民党憲法調査会は憲法改正草案大綱を発表していた。これにたいして「冗談じゃないぞ」という思いがあって、何とか楔を打ちたいと考えた。憲法を統一したテーマとして据え、それぞれが自分のやりたい条項を取り上げる。週替わりでそれをやっていくというのはどうだろう。その提案に対して是枝さんは、まあ予想通りだけど「九条

（戦争の放棄）をやりたい」と言い、ドキュメンタリー・ジャパンは二四条（家庭生活における個人の尊厳と両性の平等）、テレコムスタッフは九六条（憲法改正の手続）をやることになった。そして最後に「森は何をやるの？」と言われて「一条（天皇の地位と国民主権）」と答えました（笑）。そこにはフジの編成担当者もいたんですけど、僕たちが「こういうかたちでやるよ」って言ったら「わかりました」と言って通してしまった。天皇のドキュメンタリーを撮ると言ったら通るわけがないんですけど、「憲法一条をやります」って言ったら通っちゃった。まあ実は作戦です。

すぐに番組コードや放送日（二〇〇五年二〜三月）も決まって、とにかく撮り始めました。天皇はいったいどういう人で、何を考えているのか。その手がかりだけでもつかみたい。僕が天皇に会うまでの経緯を描くメタ・ドキュメンタリーを考えました。ラストカットでディレクターの森が、ホテルの客室の扉をノックします。天皇が扉を開けます。そこで僕が「おつらいですか？」と聞く。天皇がにっこり笑って答えようとする瞬間、唐突に真っ黒な画面になって、エンドの文字が浮かぶ。

まずエンディングを考え、そこに至るまでにどういう構成にするか考えました。そこで僕は、天皇に会うための計画をいくつか立てました。まずは正攻法で宮内庁に天皇へのインタビュー申請を出しましたけど、返事なんて来るわけがない。

ならば次の一手。何だったかな。たとえばメルアド入手計画とか(笑)。天皇のご学友を訪ね歩き、メルアドを知っていたら教えてくれと頼む。意外と普通で、akihito@kunaicho みたいな感じだったりして(笑)。あるいは、一般の人が参加する皇居勤労奉仕に紛れ込んで、自撮りしながら御所の中に入っていくとか。

†一般参賀に潜り込む

森　政治や社会風刺をするザ・ニュースペーパーという劇団があります。一〇年程前、ザ・ニュースペーパーとメンバーが一部重なる風刺コント集団の他言無用が、天皇一家を揶揄するような寸劇をやったとかで、かなり右翼が怒ったという事件がありました。
ザ・ニュースペーパーも、持ちネタのひとつは「さる高貴なご一家」です。出演者全員が皇族のコスチュームを着て物真似をしながら、コントをやる。これはテレビでは絶対に放送できないネタということになっているけれど、ステージでは時々披露される。だからドキュメンタリーの要素として、天皇家の前で彼らにあのネタをやらせようと考えて、二〇〇五年一月二日の一般参賀に彼らを連れていきました。

到着するとほぼ同時に、バルコニーに天皇一家が現れました。つまり、皇族の扮装をしたザ・ニュースペーパーのメンバーと相対しました。ちなみに、普段は小泉首相の物真似などをやっている松下アキラさんが雅子さん役です。筋骨隆々の雅子さんなんですけど(笑)。全員妙に似ていて、絵面《えづら》としてはなかなか面白いけれど、いかんせん参賀に来ている全員の目線がバルコニーに集中しているので、期待していたような騒動が起きない。ザ・ニュースペーパーの存在に誰も気づかない。やがて、一般参賀は終わって天皇一家がバルコニーから姿を消した。彼らがこちらに気づいたのかどうかはわからない。

一般参賀に来ている人たちが帰り支度を始めた時、ようやくザ・ニュースペーパーの存在に気づき、周囲がざわざわと反応し始めた。けっこう人だかりもできて、その場ではけっこう盛り上がったので、結果的には面白い画が撮れました。

ザ・ニュースペーパーもニコニコしてコントをやってたんですけど、やがて雰囲気が変わってきた。右翼が少しずつ集まってきたんです。彼らの表情も厳しくなってきて「じゃあ、ロケバスに帰りましょうか」ということになった。でも右翼が付いてくるんです。最終的には一〇人ぐらいに囲まれました。僕も素知らぬ顔をしてこの様子を撮りながら、内心は困ったなあと思っていた。カメラを回すそのすぐ横でスキンヘッドの若い右翼が、携帯で誰かに電話して「今目の前にいるんですけど、これ、どうすればいいんですか」って指示を仰いでいるんです（笑）。彼らもこれが不敬行為なのか、あるいはリスペクトなのか判断できなかったんでしょうね。ザ・ニュースペーパーのメンバーはもう顔面蒼白で、全員ほうほうの体でロケバスに帰りました。

結局、ザ・ニュースペーパーはその後分裂してしまった。後で聞いたのだけど、僕がこのパフォーマンスを持ちかけたリーダーの杉浦正士さんに、他のメンバーが「なんであんな危険なことをやらせるんだ！」と怒ったそうです。そんなこともあったんですが、絵面的には面白いものが撮れていた。

でも最終的にはフジテレビの編成から、「天皇に会うことは不可能だから、この作品は成り立たない」と通告されました。会えるかどうかが重要なのではない。その過程を作品にしたい。会えなくても成立しますと返答したのだけど、彼らは「会えなかったら成立しません」の一点張り。要するに「会えないから」は本心ではなく、とにかく止めさせることが主眼なんです。彼らとのやりとりの様子も、了解してもらってすべて撮影しました。天皇に会うまでのメディアの対応も、作品にとって重要な要素ですから。でも最終的にはあきらめました。仮にこの後も撮影を続けてもし撮り終わったとしても、編集で苦労するのは目に見えている、何よりも絶対に放送させないつもりであることくらいはわかりましたから。

†天皇のイメージの一人歩き

森　天皇の日常や私生活はほとんどわからない。好きなテレビ番組は何か。新聞は何を読んでいるのか。テレビゲームはするのか。好きな食べものは何か。美智子さまのことは何と呼んでいるのか。そもそもどういう人なのか。誰もがわからないからこそ、歴史的には時の権力者が、そして今は右も左も、自分たちの都合のいいように天皇を造形する。そして利用する。ロラン・バルトは『表徴の帝国』（ちくま学芸文庫、一九九六年）で、皇居を「空虚である」と定義して、「禁域であって、しかも同時にどうでもいい場所、緑に蔽われ、お濠によって防御されていて、文字どおり誰からも見られることのない皇帝の住む御所、そのまわりをこの都市全体がめぐっている」と書いています。不可視であるからこそ機能する天皇制は、これ見よがしなお城や宮殿とは馴染まない。

でも天皇制が政体として護持されたと本気で思うのなら、まあ政体はともかくとして国の根幹をなすシステムの一つであるならば、なおのこと禁忌にしてはいけないはずです。ところが戦後ずっと天皇制は、菊のタブーという言葉が示すように、触れてはいけないエリアであり続けた。しかも最近は、この傾向がより強くなっている。

白井 菊のタブーの問題についてはいくつかの角度からアプローチする必要があると思います。弱まったとか強まったという風に簡単には言えないのではないでしょうか。まず一般論として、戦後、皇室のあり方は変わらなきゃいけないということで「開かれた皇室」という言葉が盛んに使われた。戦前の天皇は大元帥ですから軍神でもあったわけですが、戦後になると、そのようなあり方は絶対にあり得ない。ですから皇族一家は軍神から転身し、いかにも幸せそうなブルジョワ家族を演じることになったわけです。

この路線で、今上天皇の皇太子時代、ミッチーブームが起きてご成婚がものすごく話題になった。そこには、メディア環境の変化と大衆民主主義社会化という戦後の世界的な傾向も関係していた。戦後の皇室は、軍事的なものを象徴する代わりに家族的なものを象徴するようになり、その過程でいわばセレブ化したわけです。タブーの領域はある側面では縮小していく。しかし、「開かれた皇室」という概念には矛盾があると思うんです。完全に開ききっちゃったら神秘性がなくなるわけですから、国民にしてみればありがたくも何ともないわけで、存在理由がなくなってしまう。開かないと生き残れないが、開ききると生き残れなくなるという逆説があります。

民主制と君主制を組み合わせた政体が立憲君主制ですが、世界に目を向けてみると、それなりに安定可能なシステムであるとは言えそうです。たとえばイギリスをはじめとする英連邦諸国やオランダ、スウェーデンやノルウェー、デンマークといった北欧諸国もそうですね。しかし、二〇世紀後半の社会で大衆化・メディア化が進んでいったときに、立憲君主制はどうなったのか。これらの諸国も日本の皇室と同じく、「開かれた」あり方をとるようになった。しかし、先ほど述べたように、そこにはやはり矛盾があるんですね。

その極限的な事例として、イギリスのケースが挙げられます。民主主義が大衆化して深化するということは、万人の平等性への感覚が高まることを意味するわけで、そこには君主制との緊張関係が現れざるを得ない。万人は平等なはずなのに、君主とその一族という存在は、いくら開かれても神々の末裔で、平民とは根本的に異なる。民主主義的平等を突き詰めれば、そういう人たちが存在するのはおかしなことだということになる。平民からすれば、「あの人たちは何をやってるの？　俺たちはあくせく働いてるんだから、あの人たちも働かなきゃおかしいでしょう」という話になるわけです。そこでイギリスの王室の人たちに割り振られた仕事は、みんなが消費できるスキャンダルを生産することだったわけですが、その結果、ダイアナというひとりの女性を殺してしまった。

彼女はあの時すでに王室から離脱していたわけですが、一九九七年八月三一日、パリでパパラッチに追いかけられ、交通事故で亡くなった時の光景はすさまじかったと言われている。猛スピードで走っていたメルセデスがトンネルで中央分離帯のコンクリートに正面衝突し、大破した時点ではダイアナはまだ生きていた。彼女が車内で苦悶しているところに、バイクで追いかけてきたパパラッチがやってきた。彼らはバイクから降り、ガラス越しに彼女のことをカメラで撮りまくった。これ以上醜悪な光景があるだろうか。

しかし、彼女を執拗に追いかけ回し、写真を撮ったパパラッチたちを批判するのは簡単ですが、構造的に見れば、彼らは大衆が見たいと望むものを提供するために仕事をしていただけです。苦悶するダイアナに迫るファインダーが、大衆の欲望そのものであることは間違いない。タブーをなくして開かれた王室・皇室をつくっていけば、最終的にはそこまで行ってしまう。それはかつて三島由紀夫が嘆いていた「週刊誌的天皇制」というやつですね。そのなれの果てがダイアナ妃の最期の光景ですが、そこまで行ってしまったらもうどうしようもない。それだったらもう、王室とか皇室なんてやめたほうがいいと言うほかない状態です。

†天皇の生き残り方

白井　英王室スキャンダルが世界的な話題となったとき、それは日本の皇室にも間接的な影響が出ていたと思うのです。それは、九〇年代前半に起きたいわゆる「美智子さまバッシング事件」です。あの時、昭和の時代には考えられないようなことが起きていた。それはおそらく、昭和天皇という「重し」が取れたことと、英王室についてどんどんタブーが破られる状況に後押しされていた。この事件は、美智子皇后が失語症を発症することによって、実質的に解決されました。僕は想像するのです。仮にあの時、美智子皇后が病気にならなかったら、皇室をめぐるこういうタイプの報道はどうなっただろうか、と。

結局のところ、こうした状況は、大衆民主主義社会における立憲君主制の矛盾、居てはならない特権者に対する大衆の潜在的敵意がもたらす緊張によるものなのでしょう。そう考えたときに、今回の天皇の言葉を聞いて、私は「こんな解決の仕方があったのか」と思ったんです。天皇は、象徴の役割を果たすということについての自らの見解を具体的に語った。役割の基本は祈りです。つまりこの国が平安であれという祈りを捧げることと、傷ついた人たちを慰めることですね。災害の慰問が代表的ですけど、被災者のところに行って励ます。今まで全身全霊をかけ、祈り励ますということをやってきたけれども、これは激務である。

もう一つ大事なことには、天皇はあの言葉の中で、摂政代行論を明確に否定しました。この仕事は、長期にわたって摂政が代わりにやるというのでは不可能だ、代えがきかない。ここには、天皇自身のとてもアルカイックな天皇観が表れていると思うんです。ほかならぬ天皇が祈り励ますという仕事をしないと国がおかしくなるが、体力が衰えてくれば祈りのパワーも衰えるため、国に不幸なことがたくさん起こるだろう。自分の体力はもう限界を迎えているから、もっと力強く祈れる世代に交代しなきゃいけない。おそらく、天皇はそう言っているのではないかと思います。

象徴天皇制において、天皇はどう振る舞うべきなのか。そこで天皇自身が見出した答えは労働だった。彼の労働とはすなわち祈ることです。ですから私はあの言葉を聞いて「ああ、なるほどな」と思いました。これは、大衆民主主義社会の現実を受け入れながらイギリス王室化しないための戦略でもあるのかなと。

森　イギリス王室は、そういう意味では半ばタレントのように使われてますね。イギリスほどじゃないけど、スウェーデン、ノルウェー、デンマークでもそういう部分がある。つまり国家の近代化や国民の人権思想の伸長と共に、その形を変えてきた。

ところが日本の皇室については逆に、確かに部分的にタブー感がほどけている要素もあるのだけど、メディア側に身を置く者の実感としては、総合的にタブーが強くなっているとの印象があります。昭和三〇年代、『朝日新聞』に連載されていた『サザエさん』で、波平が天皇の真似をしている回があります。簀の子の陰から手だけを出してカツオを呼ぼうとする。今だったら炎上どころじゃないでしょうね。

美智子皇后も結婚してしばらくは、「美智子さま」ではなくて「美智子さん」と呼ばれていました。常陸宮は一時、「火星ちゃん」というあだ名で呼ばれていて、本人もこのニックネームを気に入っていたらしい。礼宮（秋篠宮）はアーヤで、紀宮（黒田清子）はサーヤだった。もしも今、愛子さまや悠仁さまをニックネームで呼ぶような週刊誌があったら、間違いなく襲撃されますね。メディアが進化して社会も成熟する過程と並行して、逆にタブーが強まっている。

白井 常陸宮が「火星ちゃん」と呼ばれて喜んでいたのは、戦前レジームにおける皇室と比べると、国民との距離が縮まったという感じがあって、本人としても嬉しかったのではないでしょうか。

森 「開かれた皇室」の一環ですね。どの時制と比べるかで、評価はまったく変わります。戦前と比べれば、「火星ちゃん」は確かに驚くべき変化です。でも昭和から平成を経て、この変化はむしろ逆行している。二〇〇四年一二月九日発売予定だった『女性セブン』は、印刷作業の途中で皇室記事の見出しが「皇太子」ではなく「皇大子」となっていることに気づいて刷り直すことになったため、発売が一二月一三日に延期された。ところがまったく同じ年、皇太子は例の「人格否定発言」を行った。ここだけを見ると、閉じ込めようとするメディアとそれに抗おうとする皇室という構造が見えてきます。

白井 なるほど。一見矛盾するような傾向がいろいろあって、複雑ですね。

†なぜタブーになってしまったのか

森　部落問題でも電通タブーでも、徐々に薄くなることが当たり前なのに、天皇制については、なぜか締め付けがより強くなっている。そして当の天皇や皇族が、その傾向に抗うかのような姿勢を示している。二重三重に錯綜しています。

白井　私も若干、これまで天皇制について書いていて、特に『永続敗戦論』には、昭和天皇にたいするかなり激しい批判も含まれているんですが、それを書いている時にはまったく恐怖を感じませんでした。「こういうことを書いたらテロられるんじゃないか」とは思わなかったし、今に至るまで「貴様はけしからん。天皇を侮辱している」という恫喝などは一切来ない。

昭和天皇が存命の時と今では、そこらへんはだいぶ変わってきているような気がします。最悪のケースとしては風流無譚事件（深沢七郎の小説「風流夢譚」には、主人公が夢の中で不思議な「革命」に出会い、天皇が処刑され、皇太子が首を切られるところを目撃する場面がある。一九六〇年一一月にこの小説が『中央公論』（一二月号）に掲載されると右翼の抗議行動が始まった。翌年二月には大日本愛国党員の小森一孝が中央公論社社長〔当時〕の嶋中鵬二宅を襲撃し、夫人に重傷を負わせ、五〇歳の家政婦を刺殺した）がありますけど、あそこまで行くのではないかという恐怖感は薄らいできている。

森　確かに。それにもかかわらず、逆にタブー、というかタブー感が強まっている。不思議ですね。

白井　思うに、さん付けで呼ぶか、さま付けで呼ぶかというのはすごく些細な問題ですよね。そこにこだわるのは形式主義だと思うんです。真正右翼の立場からすれば、さん付け・さま付けのどちらで呼ぼうがどうでもいいはずです。皇室にたいする敬愛の念はごく自然に生まれてくるはずで、さま付けで呼ばなければいけないということになると、どうしても強制的な感じになりますよね。敬愛の念を強制するというのは、我が国の国柄になじまない、というような考え方を持っている右翼はごく少数いるのかもしれませんが。あとメディアにおいては、事なかれ主義・官僚主義が蔓延しているということが最大の要因ではないかと。

森　僕も、メディアの責任は非常に大きいと思います。タブーに抗する存在であるべきメディアのほうが、これまでのタブーの濃度を追い越すかたちで、自粛・忖度などといった領域を広げてしまっている。ただし不敬かどうかはともかくとして「風流無譚」の首コロリは、たとえばフランスの風刺週刊誌『シャルリー・エブド』が掲載したムハンマドが男性とキスしているイラスト同様に、風刺の域を逸脱しているとは思います。

一九六〇年一〇月一二日に起きた浅沼稲次郎暗殺事件にインスパイアされ、大江健三郎さんが『文學界』（一九六一年二月号）に発表した短編「政治少年死す——セヴンティーン第二部」はもう出版していいんじゃないかと思うんですけど、いまだに全集・文庫などに採録されていないですよね。こうした現象を少し無理矢理に総括すれば、明確なラインとしてのタブーは減少しているのに、自主規制や忖度の領域はさらに大きくなっているということじゃないかな。

†天皇の起源はどこにある

森　最後に宗教者としての天皇という視点で考えてみたいと思います。

イエスは死者を復活させ、モーセは海を二つに割って、ブッダは湖面の水量をコントロールしたと言われています。でもこれらのエピソードはすべて後世です。現存している宗教者の奇跡や神秘性を強調すれば、たとえば麻原彰晃や大川隆法のように、どうしても胡散臭さが前面に出てしまう。『古事記』に登場する神であれば、ヤマタノオロチを退治したとか逸話が作れるけれど、同時代に生きる天皇の場合はそうもゆかない。だからこそベールで包まなければいけない。かつての天皇は神話そのものですが、今の天皇は宮中祭祀を執り行うことを重要な仕事にしている。つまり神ではなく神に祈念する立場。神道の最頂点という見方もできます。でも同時に、昭和天皇は現人神の時期もあった。いろいろ複雑です。

神道においては、穢れと浄めの思想がとても重要です。そしてこの思想は、日本人の精神形成において、非常に大きな領域を占めている。たとえば部落差別は日本独特の差別構造だけど、その根底には穢れ思想が大きく働いている。今も女性は大相撲の土俵に上げないとか、トイレをご不浄とかお手洗いと呼ぶとかも同様ですね。こうした前近代性をすべて否定してしまっては、天皇制は成り立たない。でも前近代は前近代なんです。しっかりと腑分けすることが必要です。

ところが今、こうした神道イズム的な要素への回帰が、日本会議というかたちで政権の中枢に食い込んでいる。自民党を中心に三〇五名の議員で構成されている神道政治連盟国会議員懇談会は、現閣僚二〇名のうち一九名が参加していて、現会長は安倍晋三首相です。日本会議を支援する日本会議国会議員懇談会には、やっぱり自民党を中心に二八九人の国会議員が参加していて、安倍首相と麻生太郎副首相は特別顧問で会長は平沼赳夫議員が務めています。他にも有村治子、衛藤晟一、山谷えり子、稲田朋美、萩生田光一、下村博文など、安倍政権のブレーンで保守派の議員たちのほとんどが顔を揃えている。かなり異常な状況です。以前自民党は公式ホームページで、子供の教育のために各家に床の間（神棚）を置くべきなどと本気で書いていました。

でも大きな問題にはならない。確かに『日本会議の研究』（扶桑社新書、二〇一六年）は話題になったけれど、マスメディアは正面からこの問題を取り扱わない。この状況をもっと考えたほうがいいと思うんです。

白井　そうですね。私は天皇を論じるときは、明治以降の極めて近代的なシステムとして天皇制を基本的にはとらえるべきだと思います。これは明治維新をやった革命家たちが、ものすごく人為的・人工的につくったものです。

その一方で、仮に天皇制が単にすごく底の浅い作り物だったとしたら、それがある時期「天皇陛下のために死ぬのは当たり前だ」というとてつもない国民動員装置になったことを説明できない。神道を考える際にも同じことが言えると思います。ここのバランス感覚はなかなか難しいんですね。

また、私は、戦後という私たちにとって体感的に理解できるスパンにおいて、アメリカというファクターを抜きにして天皇制を考えることはできないと思いますね。大日本帝国のレジームと戦後レジームでは、国を支える物語の内容が大きく違うからです。大日本帝国においては、天皇陛下が赤子《せきし》たる臣民を一視同仁で愛してくれている。臣民はそれをありがたく思い、いざとなったら天皇のために死ぬのは当たり前だと考えていた。

では戦後、その物語はどう変わったのか。強調しなければならないのは、戦後日本の対米従属の特殊性です。私は対米従属を批判していますが、これは単純な対米従属批判ではない。私は別に「対米従属は恥ずかしいことで、絶対にあってはならん」と言っているわけではない。世界中で対米従属をいかなる意味においてもしていない国はほぼゼロと考えていいと思うので、それ自体を恥じてみても仕方がない。とにかく日本は変なかたちで対米従属しているんですが、ここには私が言うところの「温情主義の妄想」があります。

われわれは日頃から盛んに「日米関係は普通の関係じゃない」とプロパガンダされている。同盟関係というのは国同士の関係ですからこれは友情ではなく、基本的には利害と打算で結びついているに過ぎない。これが普通の関係なんですが、日米関係はそれとはまったく違うのだと刷り込まれている。日米関係は、あのひどい殺し合いの後の奇跡的な和解に基づく友情で成り立っている。アメリカは日本を愛してくれているんだ、と。これは完全に片思いなんですけど、日本側から見た日米関係はそういう妄想の上に成り立っている。だから、思いやり予算とかトモダチ作戦とか言うわけです。日米関係においては、異様に情緒的な言葉が使われる。私はこれこそが日米関係、日本の対米従属の特殊性だと思っています。

現在においては、これが天皇制に取って代わっていると思うんです。「天皇陛下は臣民を愛している」というフィクションがフルモデルチェンジして、「アメリカは日本を愛してくれている」というフィクションになった。

実は、このことを最初に見抜いた人物は出口王仁三郎です。出口王仁三郎は出口なおの後を継いで大本（教）を体系化し、教団を著しく拡大した人物です。大本は治安維持法に違反したとして、日本政府に弾圧されます。一九三五年一二月八日、警官隊五〇〇人が綾部と亀岡の聖地を急襲しますが、大本の施設からは竹槍一本見つからず、幹部も信徒も全くの無抵抗だった。王仁三郎は巡教先の松江市で検挙され、妻、幹部たちとともに治安維持法違反・不敬罪で逮捕された。取り締まりは地方の支部や関連機関にも及び、検束や出頭を命令された信徒は三〇〇〇人に及ぶと言われています（第二次大本事件）。王仁三郎は一九四〇年の第一審で無期懲役を言い渡され、六年以上も牢屋に入れられていましたが、一九四二年八月七日に保釈されます。不敬罪については大審院まで持ち込まれましたが、一九四五年一〇月一七日、敗戦による大赦令で無効となりました。

戦後、王仁三郎は周囲の人に「世の中はずいぶん変わりましたが、どう思いますか？」と聞かれた時、「マッカーサーっていうのは、さしずめヘソだな」と答えた。「それはどういう意味ですか」と聞くと、王仁三郎は「朕の上にある」と答えた（笑）。これは実に卓抜な比喩で、七〇年後の今まさに起きている事態をはっきり見通している。象徴天皇制と戦後民主主義の関係についてはいろんな捉え方があると思うんですが、今述べたようなかたちで捉えると整合的な現実の見方・把握ができるのではないでしょうか。

（対談日　二〇一六年一二月九日）

ちくま新書
1250

憲法《けんぽう》サバイバル

――「憲法《けんぽう》・戦争《せんそう》・天皇《てんのう》」をめぐる四《よっ》つの対談《たいだん》

二〇一七年四月一〇日　第一刷発行

編者　ちくま新書編集部（ちくましんしょへんしゅうぶ）

発行者　山野浩一

発行所　株式会社 筑摩書房
東京都台東区蔵前二-五-三　郵便番号一一一-八七五五
振替〇〇一六〇-八-四一二三

装幀者　間村俊一

印刷・製本　株式会社 精興社

乱丁・落丁本の場合は、左記宛にご送付ください。送料小社負担でお取り替えいたします。
ご注文・お問い合わせも左記へお願いいたします。
〒三三一-八五〇七　さいたま市北区櫛引町二-六〇四
筑摩書房サービスセンター　電話〇四八-六五一-〇〇五三

ISBN978-4-480-06953-5 C0232

ちくま新書

465
憲法と平和を問いなおす
長谷部恭男

情緒論に陥りがちな改憲論議と冷静に向きあうには、そもそも何のための憲法かを問う視点が欠かせない。この国のかたちを決する大問題を考え抜く手がかりを示す。

594
改憲問題
愛敬浩二

戦後憲法はどう機能してきたか。改正でどんな効果が期待できるのか。改憲論議にはこうした実質を問う視角が欠けている。改憲派の思惑と帰結をクールに斬る一冊！

1122
平和憲法の深層
古関彰一

日本国憲法制定の知られざる内幕。そもそも平和憲法は押し付けだったのか。天皇制、沖縄、安全保障……その背後の政治的思惑、軍事戦略、憲法学者の主導権争い。

294
デモクラシーの論じ方
——論争の政治
杉田敦

民主主義、民主的な政治とは何なのか。あまりに基本的と思える問題について、一から考え、デモクラシーにおける対立点や問題点を明らかにする、対話形式の試み。

722
変貌する民主主義
森政稔

民主主義の理想が陳腐なお題目へと堕したのはなぜか。その背景にある現代の思想的変動を解明し、複雑な共存のルールへと変貌する民主主義のリアルな動態を示す。

925
民法改正
——契約のルールが百年ぶりに変わる
内田貴

経済活動の最も基本的なルールが、制定から百年を経て抜本改正されようとしている。なぜ改正が必要とされ、具体的に何がどう変わるのか。第一人者が平明に説く。

1005
現代日本の政策体系
——政策の模倣から創造へ
飯尾潤

財政赤字や少子高齢化、地域間格差といった、わが国の喫緊の課題を取り上げ、改革プログラムのための思考を展開。日本の未来を憂える、すべての有権者必読の書。

ちくま新書

832
わかりやすいはわかりにくい？
――臨床哲学講座
鷲田清一
人はなぜわかりやすい論理に流され、思い通りにゆかず苛立つのか――常識とは異なる角度から哲学的に物事を見る方法をレッスンし、自らの言葉で考える力を養う。

1060
哲学入門
戸田山和久
言葉の意味とは何か。私たちは自由意志をもつのか。人生に意味はあるか……こうした哲学の中心問題を科学が明らかにした世界像の中で考え抜く、常識破りの入門書。

1119
近代政治哲学
――自然・主権・行政
國分功一郎
今日の政治体制は、近代政治哲学が構想したものだ。ならば、その基本概念を検討することで、いまの民主主義体制が抱える欠点も把握できるはず！　渾身の書き下し。

1165
プラグマティズム入門
伊藤邦武
これからの世界を動かす思想として、いま最も注目されるプラグマティズム。アメリカにおけるその誕生から最新の研究動向まで、全貌を明らかにする入門書決定版。

569
無思想の発見
養老孟司
日本人はなぜ無思想なのか。それはつまり、「ゼロ」のようなものではないか。「無思想の思想」を手がかりに、日本が抱える諸問題を論じ、閉塞した現代に風穴を開ける。

769
独学の精神
前田英樹
無教養な人間の山を生んだ教育制度。世にはびこる賢しらな教育論。そこに決定的に欠けた視座とは？　身ひとつで学び生きるという人間本来のあり方から説く学問論。

852
ポストモダンの共産主義
――はじめは悲劇として、二度めは笑劇として
スラヴォイ・ジジェク
栗原百代訳
9・11と金融崩壊でくり返された、グローバル危機という掛け声に騙されるな――闘う思想家が混迷の時代を分析、資本主義の虚妄を暴き、真の変革への可能性を問う。

1033
平和構築入門
——その思想と方法を問いなおす
篠田英朗
平和はいかにしてつくられるものなのか。武力介入や犯罪処罰、開発援助、人命救助など、その実際的手法と背景にある思想をわかりやすく解説する、必読の入門書。

1111
平和のための戦争論
——集団的自衛権は何をもたらすのか？
植木千可子
「戦争をするか、否か」を決めるのは、私たちの責任になる。集団的自衛権の容認によって、日本と世界はどう変わるのか？　現実的な視点から徹底的に考えぬく。

1152
自衛隊史
——防衛政策の七〇年
佐道明広
世界にも類を見ない軍事組織・自衛隊はどのようにできたのか。国際情勢の変動と平和主義の間で揺れ動いてきた防衛政策の全貌を描き出す、はじめての自衛隊全史。

1173
暴走する自衛隊
纐纈厚
自衛隊武官の相次ぐ問題発言、国連ＰＫＯへの参加、庁から省への昇格、安保関連法案の強行可決、文官優位の廃止……。日本の文民統制はいま、どうなっているか。

1199
安保論争
細谷雄一
平和はいかにして実現可能なのか。安保関連法をめぐる激しい論戦のもと、この重要な問いが忘却されてきた。外交史の観点から、現代のあるべき安全保障を考える。

1236
日本の戦略外交
鈴木美勝
外交取材のエキスパートが読む世界史ゲームのいま。「歴史」の和解と打算、機略縦横の駆け引き、舞台裏で支えるキーマンの素顔……。戦略的リアリズムとは何か！

1220
日本の安全保障
加藤朗
日本の安全保障が転機を迎えている。「積極的平和主義」とは何か？　自国の安全をいかに確保すべきか？　これらの点を現実的に考え、日本が選ぶべき道を示す。

1241
不平等を考える
――政治理論入門
齋藤純一
格差の拡大がこの社会に致命的な分断をもたらしている。不平等の問題を克服するため、どのような制度を共有すべきか。現代を覆う困難にいどむ、政治思想の基本書。

1195
「野党」論
――何のためにあるのか
吉田徹
野党は、民主主義をよりよくする上で不可欠のツールだ。そんな野党に多角的な光を当て、来るべき野党を、これからの対立軸を展望する。「賢い有権者」必読の書！

1055
官邸危機
――内閣官房参与として見た民主党政権
松本健一
尖閣事件、原発事故。そのとき露呈した日本の統治システムの危機とは？　自ら推進した東アジア外交への反省も含め、民主党政権中枢を内部から見た知識人の証言。

1100
地方消滅の罠
――「増田レポート」と人口減少社会の正体
山下祐介
「半数の市町村が消滅する」は嘘だ。「選択と集中」などという論理を振りかざし、地方を消滅させようとしているのは誰なのか。いま話題の増田レポートの虚妄を暴く。

1039
社会契約論
――ホッブズ、ヒューム、ルソー、ロールズ
重田園江
この社会の起源には何があったのか。ホッブズ、ヒューム、ルソー、ロールズの議論を精密かつ大胆に読みなおし、近代の中心的思想を今に蘇らせる清冽な入門書！

1245
アナキズム入門
森元斎
国家なんていらない、ひたすら自由に生きよう――プルードン、バクーニン、クロポトキン、ルクリュ、マフノの思想と活動を生き生きと、確かな知性で描き出す。

1183
現代思想史入門
船木亨
ポストモダン思想は、何を問題にしてきたのか。生命、精神、歴史、情報、暴力の五つの層で現代思想をとらえなおし、混迷する時代の思想的課題を浮き彫りにする。

ちくま新書

772
学歴分断社会
吉川徹
格差問題を生む主たる原因は学歴にある。そして今、日本社会は大卒か非大卒かに分断されてきた。そのメカニズムを解明し、問題点を指摘し、今後を展望する。

787
日本の殺人
河合幹雄
殺人者は、なぜ、どのように犯行におよんだのか。彼らにはどんな刑罰が与えられ、出所後はどう生活しているか……。仔細な検証から見えた人殺したちの実像とは。

855
年金は本当にもらえるのか？
鈴木亘
本当に年金は破綻しないのか？　政治家や官僚は難解な用語や粉飾決算によって国民を騙し、その真実を教えてはくれない。様々な年金の疑問に一問一答で解説する。

923
原発と権力
——戦後から辿る支配者の系譜
山岡淳一郎
戦後日本の権力者を語る際、欠かすことができない原子力。なぜ、彼らはそれに夢を託し、推進していったのか。忘れ去られていた歴史の暗部を解き明かす一冊。

937
階級都市
——格差が街を侵食する
橋本健二
街には格差があふれている。古くは「山の手」「下町」と身分によって分断されていたが、現在もその構図は変わっていない。宿命づけられた階級都市のリアルに迫る。

1020
生活保護
——知られざる恐怖の現場
今野晴貴
高まる生活保護バッシング。その現場では、いったい何が起きているのか。自殺、餓死、孤立死……。追いつめられ、命までも奪われる「恐怖の現場」の真相に迫る。

1078
日本劣化論
笠井潔
白井聡
幼稚化した保守、アメリカと天皇、反知性主義の台頭、左右の迷走、日中衝突の末路……。戦後日本は一体どこまで堕ちていくのか？　安易な議論に与せず徹底討論。